KB067580

# 고수의 설득법

심리학으로 배우는 설득의 테크닉

# 고수의
# 설득법

올림

# 설득은 심리다

선물에 대한 남녀의 평가 기준은 다르다는 이야기를 들었습니다. 남성은 가격으로 점수를 매기는 반면, 여성은 모든 선물에 같은 점수를 부여한다는 겁니다. 그러니 같은 예산이라면 남자에겐 한 번을 선물해도 비싼 것으로, 여성에게는 저렴한 것이라도 자주 선물을 해야 좋은 점수를 받을 수 있다는 것이죠.
: 그것을 행동경제학에서는 '쾌락적 편집'이라고 부른답니다. 상대가 기뻐하는 것이라면 '잘게 나누는 것'이 그 기쁨을 더 크게 하는 방법이니까요.

한 연구소 기사에 제가 쓴 댓글입니다. 그러자 연구소에서 이렇게 답글을 달았더군요. '역시! 학술적 근거가 있군요. 고맙습니다!'

설득의 고수들은 심리학으로 입증된 '과학적' 전략을 활용합니다. 심리학의 원리를 알면 그때그때 특수한 상황에 대한 해답뿐 아니라 다양한 상황에서도 응용이 가능하기 때문이죠. 수학 공식을 알면 그것을 대입해 응용문제를 풀 수 있는 것과 마찬가지입니다. 말투만 살짝 바꾸면 인간관계가 좋아지고 인생이 바뀐다고 주장하는 책들이 많습니다. 물론 그런 사례도 있을 순 있겠으나 설득은 곧 심리학에 바탕을 두어야 합니다.

40여 년간 기업과 대학에서 비즈니스 커뮤니케이션을 강의해온 사람으로서, 사람의 마음을 움직이는 심리학을 제대로 이해하고 그 토대 위에서 커뮤니케이션이 어떻게 이루어지는지를 '진지하게' 전달하고 싶었습니다. 여기서 '진지하게'라는 의미는, 대충 버무려 맛을 낸 겉절이보다 항아리에 오랫동안 숙성시킨 묵은지처럼, 단순한 요령에 기댄 말투의 변화보다 심리학의 원리를 이해함으로써 진정한 소통에 이르는 것을 의미합니다.

따라서 이 책에는 말투나 단어를 바꾸는 차원을 넘어 '어떻게 말하면 상대가 좋아할지', '비즈니스에서 성과를 내기 위한 효율적 설득법은 무엇일지'에 대한 나름의 경험과 해답을 담았습니다. 아울러 심리학자, 행동경제학자, 커뮤니케이션 전문가들의 실증적 연구 결과를 통해 그 내용을 검증했습니다. 또한 일상과 비즈니스에서 유용하게 활용하도록 구체적인 현장 사례를 활용해 각 주제별 초점을 [문제] 형식으로 미리 풀어봄으로써 핵심 내용을 바로 이해하도록 구성하였습니다.

비즈니스 커뮤니케이션은 고객의 마음을 이해하고 표현해 내는 능력이 특히 중요합니다. 마케팅과 서비스 분야의 전문가로서, 단순히 인간관계뿐만 아니라 이 분야에 종사하는 비즈니스맨에게도 초점을 맞춘 이유가 여기에 있습니다.

이 책은 크게 3장으로 구성되어 있습니다.

1장은 커뮤니케이션의 근간이 되는 내용을 다룹니다. 즉, 대화를 통해 인간관계를 돈독히 하고 그리하여 상대와 한편이 되는 방법을 정리했습니다. '경청'을 예로 들어볼까요? 우리 모두 그 중요성을 알고 있지만 불행하게도 경청은 인간의 타고난 본능이 아닙니다. 피나는 인위적 학습이 필요한 훈련입니다. 우리 인간이 그렇게 생겨먹었습니다. 보통 사람은 1분에 120단어를 말하고 600단어를 듣습니다. 우리는 보통 상대방이 120단어를 말하고 남는 여유 시간에 답변을 준비합니다. 그래서 경청이 안 됩니다. 제대로 경청하려면 이 여유 순간에 자신의 답변이 아니라 상대방의 말, 음성과 어조, 몸짓, 표정에 집중하여 '귀 기울여 듣는 행위(listening)'를 해야 합니다. 모든 의사소통은 상대방이 무슨 말을 하고 있는지 주의 깊게 인지하는 데서부터 시작됩니다.

2장은 어떤 상황에서든, 누구에게서든 '예스'를 끌어내는 설득법을 다루었습니다. 대세를 활용하십시오. 즉, 다른 사람들의 행동이 궁금하고 그 일부가 되고 싶은, 이른바 '집단동조의 힘'을 활용하는 것입니다. 인간관계에서나 비즈니스에서나 커뮤니케이션의 궁극적 목적은 결국 상대의 마음을 움직이는 '설득'에 있습니다. 생존 가능성을 묻는 환자에게 의사는 "지금까지 이 수술을 받은 환자 100명 중 90명이 수술 후 5년을 더 살았습니다."라고 말할 수도 있고 "100명 중 10명이 5년을 넘기지 못했습니다."라고 이야기할 수도 있습니다. 수술을 받게 할지, 겁을 먹게 할지에 따라 의사는 다른 프레임을 선택하게 되겠지요.

3장은 말과 글보다 더 중요한, 또 다른 소통 비법을 다룹니다. 예를 들어 색깔도 중요한 커뮤니케이션 수단입니다. 침범해서는 안 될 생명선인 중앙선은 가장 명시성이 높은 노란색으로 표시합니다. 신호등에서 가장 중요한 정지신호는 가능한 한 멀리서도 운전자가 볼 수 있는 빨간색을 씁니다. 이 외에도 시스템, 공간과 가구, 숫자, 이메일 등 상대의 마음을 파악하고 사로잡는 비법들은 상당히 많습니다.

바람직한 소통과 설득의 방법은 제 평생의 관심사였습니다. 이 책에는 그간 한국 FP협회 웹진에 실렸던 커뮤니케이션 칼럼, 대학에서 비즈니스 커뮤니케이션을 강의하며 학생들과 토론한 사례도 들어 있습니다. 쓰고, 토론하고, 관련서를 탐독하고, 전문가와 의견을 나누고, 제 경험과 아이디어를 실어 그 결과물로 이 책을 세상에 내놓습니다. 그 과정을 통해 가장 많이 배우고 느낀 사람은 저 자신입니다.

이 책으로 소통의 원리를 깨달아 인간관계를 개선하고, 비즈니스에서 더 큰 성과를 이룰 수 있기를 소망합니다. 다음 16번째 책은 '디지털 시대의 서비스 전략'을 주제로 여러분과 다시 만날 것을 약속합니다.

끝으로 아낌없는 조언으로 이 책을 쓰도록 격려해 준 한근태 소장님과 활발한 토론으로 책의 소재를 제공해 준 숭실대학교 대학원 제자들께 감사드립니다. 거친 글을 매끄럽게 다듬어준 이모은 책임연구원에게도 고맙다는 말을 전하고 싶습니다. 원고를 멋진 책으로 만들어준 올림 식구들께도 깊이 감사드립니다.

2020년 1월
장정빈

# 목차

## 2. 대세를 활용하라
### '예스'를 끌어내는 설득 비법

# 3. 큰 것이 아름답다
## 슬쩍 찌르는 또 다른 소통 비법

# 1

## 나는 당신과 한편입니다

### 사랑받는 관계의 대화 비법

# 먼저 한편이 되어라

공감, 대체 불가능한 미래의 경쟁력

[문제] 초등학생 아이 준비물을 챙겨주느라 아내가 아침에 조금 늦게 집을 나섰다가 지각을 했다. 아이 때문에 늦었다고 사정을 이야기했더니 팀장이 한마디 했다. "한 대리! 차라리 집안일에나 전념하는 게 어때요?" 그날 저녁 퇴근한 아내가 남편에게 팀장 욕을 한바탕 늘어놓았다. 당신이 남편이라면 어떻게 반응하겠는가?

A "당신이 그간 너무 고생 많이 했다. 그런 팀장 꼴 보지 말고 당장 회사 그만둬!"

B "당신이 너무 성실하고 유순해 보여서 그래. 한번 세게 받아 버려!"

C "당신 요즘 너무 힘들었겠다. 오늘 저녁은 당신 기분도 풀 겸 외식하러 가자."

**D** "그런 말 듣지 않으려면 내일 아침부터는 좀 일찍 일어나서 출근하라고!"

　몇 달 전 함께 일하는 신 연구원과 퇴근길에 한 순댓국집에 들렀다. 다섯 살쯤 되어 보이는 아이와 엄마가 주문한 음식을 기다리고 있었는데 음식이 나오자마자 아이 엄마가 "국물이 아이 먹이기에 너무 맵잖아요!"라고 소리를 버럭 지르며 식당을 나가버리는 것이었다. 종업원이 고객을 뒤따라가며 "그래도 음식 값은 계산해 주셔야지요." 하자 "그럼 경찰서에 신고해요." 하며 언성을 높였다.

　종업원이 허탈해하며 되돌아오자 그 광경을 모두 지켜본 신 연구원이 안쓰러웠는지 불쑥 종업원에게 한마디 건네는 것이었다. "진짜 진상 고객이네요!" 그러자 방금까지 어두웠던 종업원의 표정이 갑자기 밝아졌다. '진상'이라는 말을 사용하기가 좀 그랬는지 "그러게요. 정말 대책 없는 손님이네요." 하면서도 크게 위로를 받는 모습이었다. 잠시 후 우리 식탁에는 주문한 순댓국 두 그릇 외에 순대볶음 한 접시가 서비스로 더 나왔다. 자신의 분노를 대신 표출시켜 주며 기꺼이 한편이 되어준 데 대한 고마움의 표시였을 것이다.

　상대방이 짜증을 내거나 화가 나 있을 때 어떤 표현으로 위로해 주는 것이 좋을까? 대부분 이런 표현을 많이 한다. "억울하겠지만 참으세요.", "살다보면 그런 일을 당하기도 합니다.", "오늘 액땜했다 생각하세요.", "들어보니 너도 잘한 것만은 아니네."

그러나 이런 말은 '옳은' 말이라고 하더라도 상대의 화를 누그러뜨리고 마음을 열기에 적절한 표현은 아니다. 아이들 표현을 빌리자면 상대와 '한편을 먹어줘야' 하는 것이다. 회사에서 돌아온 아내가 몹시 화가 나 있다. 이유를 물어보니 자기 맡은 일도 벅찬데 남의 부서 업무까지 가져와서 자기에게 시키는 직장 상사 때문이라고 한다. 이럴 때 남편들은 특히 조심해야 한다. 아내들은 자신의 감정을 알아주고 한편이 되어주기를 바라는 것이지, 절대 해결책을 알려달라는 것이 아니다. 그러나 남편들은 대부분 해결책을 알려주려고 한다. 특히 "들어보니 당신도 꼭 잘한 것만은 아니네."라고 말했다면, 오히려 '남의 편'으로 오해받을 가능성이 높다.

## '옳음'보다는 '한편'을 선택하라

그럼 이제 글머리의 [문제]를 풀어보자. 결혼한 여성의 행복은 '남편이 얼마나 내 편인가' 하는 수치와 비례하고, 불행의 정도는 '남편이 얼마나 남의 편인가'에 달려 있다고 한다. 그런데도 현실에서의 남편은 '남의 편'이 되는 경우가 허다하다. 앞의 [문제]는 내가 강의할 때 자주 던지는 질문이다. 친절하게 사지선다형으로 묻는데, 대부분은 C를 고른다. 그러나 A, B도 괜찮은 대답이다. 모두 팀장을 적으로 돌려놓고 아내와 '한편을 먹었기' 때문이다. 문제는 D를 정답으로 여기는 사람도 꽤 있다는 것이다. D는 좋은 해결책이긴 하지만 아내의 편을 든 것이 아니라 남의 편, 즉 팀장 편을 든 것으로, 아내를 행복하게 만드는 좋은 남편이라고 할 수 없다.

한편이 되는 것은 특히 자녀와의 대화에서도 유용하다. 심하게 손가락을 빠는 버릇을 가진 여섯 살짜리 아이가 있었다. 부모는 온갖 방법을 동원해 그 버릇을 고쳐주려 했지만 번번이 실패하고 말았는데, 거의 포기 상태에서 에릭슨이라는 심리학자를 찾아갔다. 그런데 에릭슨은 첫마디를 이렇게 시작했다. "엄마, 아빠가 손가락 빠는 버릇을 고쳐달라고 너를 나에게 데려왔구나. 하지만 내가 무슨 권리로 너한테 그것을 그만두라고 할 수 있겠니. 원래 여섯 살짜리 꼬맹이들은 너처럼 다 그렇게 손가락을 빠는데 말이야. 이 세상의 여섯 살짜리 꼬맹이들은 다 그렇게 손가락을 빨고 있어."

그러자 아이는 손가락을 입에 문 채 '거봐, 다른 애들도 다 그런다잖아' 하는 의기양양한 표정으로 부모를 돌아봤다. 에릭슨은 아이의 행동을 지켜보면서 지나가는 투로 이렇게 몇 마디 덧붙였다. "물론 일곱 살 먹은 소년들은 손가락을 빨지 않아. 일곱 살이면 다 큰 어른과 같거든. 일곱 살들은 여섯 살 꼬맹이들처럼 행동하지는 않지."

상담을 끝낸 얼마 뒤, 일곱 번째 생일을 두 달 앞둔 아이는 더 이상 손가락을 빨지 않았다고 한다. 보다시피 에릭슨은 손가락을 빨지 말라는 말은 단 한 마디도 하지 않고도 아이의 변화를 이끌어냈다. 손가락을 빨지 말라고 하면 오히려 심리적 반발만 부를 수 있다는 점을 잘 알고 있는 이 심리학자는 대신 아이 입장에서 아이가 관심을 가질 만한 소재, 즉 아이의 선망의 대상인 어엿한 일곱 살들은 어떻게 행동하는지

고수의 설득법

를 슬쩍 얘기해 줌으로써 효과적인 설득을 이루어낼 수 있었던 것이다.

'자녀를 효과적으로 설득하고 기분 좋게 만드는 것은 무엇일까?'에 관해 《비저닝(Visioning)》이라는 책에 소개된 사례다. 누군가를 설득하고 싶다면 섣불리 문제에 뛰어들기보다는 먼저 그 사람의 입장에 적극적으로 동의하고, 그 과정에서 대화를 이끌어냄으로써 현재의 문제를 자각하게 만들어야 한다. 문제를 자각하면 스스로 기분 좋은 해결책을 찾아낼 수 있다.

다음은 컴퓨터 게임에 빠진 중학교 학생과 선생님의 대화 내용이다.

"게임을 너무 많이 한다고 엄마가 걱정이 많으시더라."

"…."

"하루에 얼마나 게임을 하는 편이니?"

"(머뭇거리며) 한 서너 시간쯤이요."

"(크게 놀라는 표정으로) 서너 시간쯤! 서너 시간이면 네 또래 아이들에 비해 그렇게 많이 하는 편도 아니네."

"그래도 엄마 입장에서는 그렇게 생각하지 않을 거예요. 앞으로는 한두 시간 정도로 줄여볼게요."

물론 부부 간의 대화나 고객과의 상담에서도 마찬가지이다. 불만 고객을 상담하다 보면 때로 심하게 적대감을 보이는 경우도 있다. 사실 이들의 적대감은 과거에 다른 상황에서 다른 사람들과의 경험에 기인한 것이므로 지금 나와는 상관없는 것이다. 이러한 고객을 다루는 유일한 방법은 먼저 한편이 되어 상대의 입장에서 맞장구치는 것이다. 그래서 "고객님 심정을 이해할 수 있습니다. 제가 고객님 입장이었더라도 같은 생각이 들었을 겁니다."라는 말은 상대를 누그러뜨리는 데 특효약인 셈이다.

## 공감, 대체 불가능한 미래의 경쟁력

한 어머니는 얼마 전 아이와 함께 병원을 찾았던 기억을 잊을 수가 없다고 했다. "의사 선생님이 우리 아이에게 '아' 하고 입을 벌리라고 했죠. 그리고 입안을 들여다보더니 다정한 말투로 말하더군요. '아이쿠, 이런! 목이 얼마나 아팠을지 알겠다. 많이 아팠지? 우리는 이제 어떤 세균이 너를 아프게 하고 있는지 알아낼 거란다. 그리고 나쁜 병균을 모조리 물리칠 수 있는 천하무적 약을 너한테 줄 거야!' 그러고는 나를 보며 말했어요. '아이가 패혈성 인두염인 것 같네요.'" 이전에 갔던 다른 병원의 의사는 태도가 전혀 달랐다. "아이가 아파하니까 '좀 참아! 이 정도는 아픈 것도 아니야.'라고 하더군요."

의료는 다른 어떤 서비스보다 고객의 심리와 감성에 대한 섬세한 접근이 중요한 분야다. 과거의 의사는 진찰과 치료 측면에서 친절한 설명과 건강에 대한 조언으로 충분했다. 그러나 앞으로는 이것만으로는 차별성을 만들어낼 수 없을 것이다. 앞으로는 공감하기, 따뜻한 태도, 유머 등이 의료 서비스 품질의 결정적 차이를 만들어낼 것이다.

IT와 인터넷 혁명, 소셜 미디어의 영향으로 기업들도 협력적 네트워크와 소통의 중요성을 절감하고 있다. 디지털 기술을 접목한 자동화 시스템으로 기업의 생산성은 높아졌고, 웬만한 일은 컴퓨터와 로봇이 모두 처리하는 세상이다. 대부분의 기술과 능력은 거의 평준화된 상태다. 이런 시대에 대체 불가능한 새로운 차별화의 영역은 무엇일까? 한마디로 기계가 대신할 수 없는 영역, 즉 사랑하고 감탄하고 공감하고 위안을 얻는 영역이다. 컴퓨터는 비용과 시간을 절약해 줄 수는 있지만, 특별한 서비스를 제공하지는 못한다. 유연하지도 따뜻하지도 않으며, 사람의 마음을 읽고 반응할 수도 없다. 공감 능력이 없는 무뚝뚝한 기계일 뿐이다.

마트에 갔다 왔더니 지갑에 있던 신용카드가 없어졌다. 다행히 분실 이후 사용 기록이 없다. 은행 담당자는 "분실신고를 모두 끝냈습니다."라고 말했다. 그러나 달리 표현할 수도 있다. "놀라셨죠? 걱정하지 않으셔도 됩니다. 분실신고를 모두 끝냈습니다." 분실된 신용카드가 이제 부정 사용될 수 없다는 사실을 알려준 점에서는 똑같은 대답이다. 하지만 고객에게 주는 울림은 매우 다를 것이다. 그래서 '사람이 곧 경쟁력'이라고 말하는데, 여기서 말하는 사람이란 공감 능력이 있는 사람을 말한다. 그렇지 않은 사람이라면 인공지능을 당하지 못할 것이기 때문이다.

# 엄마는 뽀로로 가방을 좋아할까?

### 공감을 잘 표현하는 5가지 방법

[문제] 충치 치료를 위해 네 살짜리 해인이를 치과에 데려가야 하는데, 아이가 무서워서 안 가겠다고 떼를 쓰며 발버둥 치고 있다. 당신이 엄마라면 아이를 어떻게 달래는 게 좋을까?

> **A** "우리 해인이 참 착하지? 충치 치료받는 거 하나도 안 아파!"
>
> **B** "해인아, 무섭지? 그래도 충치 치료를 받아야 해.
>   지금 치료받지 않으면 나중에는 이를 뽑아야 한단다."
>
> **C** "떼쓰면 안 돼! 너 계속 떼쓰면 경찰 아저씨한테 잡아가라고 할 거야."

월요일 아침, 동료 직원이 다리에 깁스를 하고 출근했다. 만나는 사람마다 한마디씩 한다. "아니, 어쩌다 다치셨어요?" 대부분 이렇게 물었다. 다친 이유가 가장 궁금했던 것이다. 딱 한 사람, 여자 동료가 이렇게 물었다. "이런, 얼마나 아프셨어요?" 다친 사람의 입장에서 그 고통을 헤아린, 공감 능력이 탁월한 사람이다. 여자는 남자보다 대개 공감 능력이 월등하다. 여자는 남자에 비해 타인의 불행, 고통, 어려움에 더 관심을 쏟고 도와주려 노력한다. 심리학자들은 이를 '보살핌의 본능(tending instinct)'이라고 부른다. 그럼 공감이란 무엇일까? 공감이란 '타인의 생각이나 감정을 자기의 내부로 옮겨 넣어, 타인의 체험과 동질의 심리적 과정을 만드는 일'이라고 정의할 수 있다. 이 정의에서 보면 공감은 크게 2가지 축으로 이루어지는데, 그중 하나는 다른 사람의 '생각'을 읽어내는 '인지적 공감'이고, 다른 하나는 '감정'을 공유하는 '정서적 공감'이다.

다섯 살짜리 아이에게 몇백만 원짜리 고급 가방과 뽀로로 가방 중에서 엄마 생일 선물을 고르라고 하면, 아이들은 십중팔구 뽀로로 가방을 선택할 것이다. 자신이 좋아하는 것을 엄마도 좋아할 것이라고 생각하기 때문이다. 이처럼 어린아이들은 자신의 관점과 다른 사람의 관점을 잘 구분하지 못한다. 자기중심성(ego centrism) 때문이다. 어린아이들은 8~9세가 되어야 타인의 관점을 상상하고 이해할 수 있는 능력이 생겨서 비로소 엄마가 뽀로로 가방보다는 비싼 고급 가방을 원한다는 사실을 알게 된다. 인지적 공감은 이처럼 타인의 관점을 수용할 수 있는 능력을 말한다.

'정서적 공감'은 다른 사람의 아픔과 기쁨을 공유하는 능력이다. 올림픽 중계방송을 보면서 사람들은 자기 나라 선수의 선전에 박수와 환호를 보낸다. 과학자들은 그 이유를 이렇게 분석한다. 뇌 속에 거울신경이라는 특별한 세포가 있어서 선수가 움직이면 나도 모르게 몸을 움찔대면서 선수와 똑같은 느낌을 갖는다는 것이다. 감정의 전염은 두 사람의 감정 상태가 같아지는 현상이다. 마치 핸드폰을 컴퓨터에 동기화시키듯 한쪽이 어떤 감정을 표현하면 상대방도 무의식적으로 그 감정표현을 따라 하게 되고, 결국 두 사람이 동일한 감정을 느끼게 된다. 수년 전 방영된 〈다모〉라는 드라마의 "아프냐? 나도 아프다."라는 대사처럼 말이다. 그래서 다른 사람의 고통을 함께 느끼는 데 탁월한 사람은 "어쩌다 다치셨어요?"보다는 "이런, 얼마나 아프셨어요?"라고 표현한다. 표현 방법이 확실히 다르다.

## 공감과 동감의 차이

우리가 공감을 잘 못하는 이유 중의 하나는 공감을 '동감'으로 생각하기 때문이다. 공감은 한마디로 다른 사람의 감정이나 의견에 대해 자기도 그렇다고 느끼는 기분이다. 그에 비해 동감은 상대의 감정을 있는 그대로 수용하는 것이다. 만약 대화 중 상대방이 "저 사람 때문에 미치겠어! 한 대 때려주고 싶어!"라고 말했을 때 이에 동감하면 "맞아. 나도 때려주고 싶어."라는 반응을 보인다. 두 사람이 똑같은 분노를 느끼고, 누군가에게 직접적인 위해를 가할 수도 있다. 그러나 공감한다면 "너무척 화났구나. 저 사람이 왜 너를 화나게 했니?"라고 말해 주게 된다. 이것이 동감과 공감의 차이다. 그러나 사람들은 공감과 동감을 혼동하는 경향이 있다. 공감은 다음의 사례에서 보는 것처럼 상대의 입장과 상황에 대해 나 역시 그렇게 느낀다는 점을 표현하는 것으로 충분하다.

며칠째 계속되는 야근에 지쳐 있는 금요일 저녁, 꼼짝없이 주말에도 출근해야 하는 상황이다. 집에 들어가 침대에 눕는데 아내가 묻는다. "여보, 우리 이번 주말에 교외에 나가서 바람이나 쐬면 어떨까?" 이때 공감 능력이 떨어지는 남편들은 이렇게 말한다. "그게 야근하고 파김치가 되어 들어온 남편한테 할 소리야?" 하지만 공감하는 남편은 다르게 말한다. "당신 하루 종일 집에만 있어서 답답하구나? 나도 주말엔 바람 좀 쐬고 싶네. 그런데 어쩌지? 나 이번 주말에도 출근해야 되는데…. 대신 다음 주말은 괜찮을 것 같은데…."

주말에 교외에 갈 수 없다는 결과는 똑같지만 받아들이는 아내의 기분은 전혀 다를 것이다. 이처럼 상대의 말에 공감해 주면 대화 분위기가 믿을 수 없을 만큼 달라진다. 일단 공감하고 나서 주장이나 의견을 내놓아야 대화가 부드럽게 풀린다.

이때 상대의 감정은 충분하게 알아주되 행동에는 제한을 두어야 할 경우가 생긴다는 점에 유의해야 한다. 서두 [문제]의 A처럼 '하나도 안 아파', '별것 아니야' 하는 식으로 아이의 감정을 아예 무시하거나 축소해서는 안 된다. C처럼 엄하게 질책하거나 '경찰 아저씨를 부른다'고 협박해서도 곤란하다. B처럼 감정은 받아주되 행동에는 제한을 두는 것이 좋다. 감정을 인정하고, 행동의 한계를 규정하고, 스스로 결정하게 하는 것이다. 이를 구분해서 설명한다면 다음과 같다. "치료받는 게 무섭지?"[감정의 인정], "그래도 치료를 받지 않으면 나중에는 이를 뽑아야 된단다. 그러니까 치료를 받아야 해."[행동 한계 규정], "덜 무섭고 재미있는 치과를 갈까?"[스스로 해법 찾고 선택하기](진료실 천장에 TV를 설치해서 아이가 만화영화를 보며 진료받을 수 있는 치과도 있다.)

회사에서 돌아온 아내가 화가 나 있을 때(17페이지 참조)도 "여보, 나라도 짜증 나겠다. 지금 맡은 일만으로도 힘든데 남의 부서 업무까지 떠맡게 되었으니 그럴 만도 해."[감정 인정], "그래도 회사는 부서 간 협업이 중요하니까 다른 부서 일이라고 당신이 너무 화내면 상사가 어떻게 생각할지 걱정되네."[행동 한계 규정], "당신 생각은 어떤 방법으로 이번 일을 해결하면 좋겠어?"[스스로 해법 찾고 선택하기] 결론적으로 이번에 한해서 업무를 하되, 다음부터는 부서 간 일을 구분하기로 상사의 약속을 받기로 했다.

**공감을 잘 표현하는 5가지 방법**

남녀 간의 사랑도 표현하는 것이 중요하다. 그러면 내가 공감하고 있음을 상대방에게 어떻게 표현해야 할까? 핵심적인 '공감 표현의 레시피' 몇 가지를 함께 생각해 보자.

**1. 반영의 표현법을 활용하라** 공감한 바를 상대방에게 언어로 표현해서

전달해 주는 기법을 심리 상담에서 쓰는 용어로 '반영(reflection)'이라 한다. 반영의 표현 방법은 의외로 간단하다. 상대방이 한 말을 재진술한 후에 말 속에 담긴 감정이나 욕구를 언급해 주면 된다. 우리는 상대방의 마음에 공감할 때 "나는 네 마음을 다 알아."라는 식으로 말하곤한다. 그러나 "네 마음을 다 알아."라고 두루뭉술하게 말하는 것보다는 반영 기법을 활용해 다음과 같은 방식으로 구체적으로 표현하는 것이 더 좋다.

"~ 때문에 ~를 느끼시는군요." ("혼자만 그런 대접을 받았다니 정말 억울했겠군요.")

"~했다니 ~하겠네요." ("동생 부탁은 들어주면서 네 부탁은 안 들어주니 엄마가 미웠겠구나.")

**2. 맞장구로 리액션하라** 맞장구는 한마디로 상대가 더 즐겁게 말할 수 있도록 돕는 기술로, 흔히 리액션(reaction)이라고도 한다. "그래?", "아, 그랬구나.", "저런, 많이 힘들었겠다." 같은 맞장구와 추임새를 넣어줌으로써 상대가 신이 나서 이야기할 수 있게 만들어주는 것이다. 왕년의 미남 스타 게리 쿠퍼는 여배우들과의 염문이 끊이지 않았다. 그를 가까이서 관찰했던 빌리 와일더 감독이 한 인터뷰에서 이렇게 털어놓았다. "그가 세상의 모든 여자에게 인기를 누린 것은 딱히 탁월한 대화 솜씨가 있어서가 아닙니다. 게리 쿠퍼의 작업 비결은 '정말?', '설마?', '처음 듣는 말인데?' 등 딱 세 마디였습니다."

상대의 말에 경청하면서 추임새를 넣어주어 신나게 이야기하도록 만든 것이 유혹의 비결이었던 것이다. 나는 몇 차례 방송에 출연하여 강의한 적이 있다. 첫 강의 때는 지레 겁을 먹고 긴장했지만 두 번째부터는 절로 흥이 나고 편안해졌다. 고개를 끄덕여주고 박수를 쳐주고 "아하!" 하면서 탄성을 내는 '준비된' 방청객 덕택이었다.

**3. 백트래킹으로 동조하라** '백트래킹(backtracking)'은 한 박자 늦게 상대의 말을 따라서 받아주는 것을 말한다. "오다가 교통사고 날 뻔했지 뭐야." 하는 말에 "어! 교통사고?"처럼 상대가 한 말의 문장이나 단어 일부를 반복하면 상대는 자기 이야기에 귀 기울이고 있다고 생각한다. "나 영화 보기로 했어", "영화? 무슨 영화 보기로 했는데?" 하는 식이다. 상대방이 신나게 말하도록 하는 요령은 상대가 한 말 중에서 가장 중요한 말을 되뇌면서 대화의 진행을 촉진시켜 주는 것이다.

"아, 오늘 야근을 했거든. 근데 아직도 못 끝낸 일이 산더미야."

"야근을 했는데도 못 끝낸 일이 산더미야?"

"응, 언제나 다 끝날지 모르겠어. 아마 내일도 야근해야 될 것 같아."

"언제 끝날지도 모르고, 내일 야근까지…. 그거 너무 심하네."

이런 식이다. 이처럼 단어나 문장을 그대로 반복해 주는 것이 중요한 이유는 상대방이 이 말을 꺼낸 원래 의도를 풀어낼 수 있도록 해주기 때문이다. "함께 일하는 직원이 일주일 전에 퇴사했거든. 그런데 직원을 충원해 줄 수가 없다는 거야…." 결국 상대는 야근이라는 말로 시작해 직원 충원 이야기를 하고 싶었던 것이다.

**4. 페이싱으로 보조를 맞추라** '페이싱(pacing)'이란 상대방과 목소리

톤을 맞추거나 얼굴 표정을 일치시켜 친밀감을 조성하는 것을 말한다. 신혼부부들이 티셔츠, 반바지, 샌들까지 맞춰 입고 해변을 거니는 것은 그들만의 사랑 표현이다. 연인들도 서로의 표정, 말투, 취미를 맞추어간다. 문자메시지나 카카오톡에서 나누는 대화를 보면 "~용", "~염" 등의 어투를 흔히 같이 사용한다. 여자가 "지금 어디세용?" 하면 남자는 "카페인데용!" 하고 답장을 보내는 식이다.

**5. '더 자세히 말해 달라'고 요청하라** 사람들은 상대가 자신의 이야기에 경청하고 있을 때, 이야기의 흐름을 잘 따라올 때 공감받는다고 느낀다. 그런 의미에서 "좀 더 이야기해 달라."라고 말하는 것이 공감을 전달하는 훌륭한 방법이 될 수 있다. 친한 직장 동료가 다음과 같이 말했다. "딸아이가 올해 졸업반인데 취업 준비를 정말 열심히 했다네. 그런데 어제 불합격 소식을 듣게 되어 몹시 실망스럽네." 사람들은 한 번에 한 가지씩 말하는 것이 아니라 여러 가지를 한꺼번에 이야기한다. 이 대화에서도 자녀가 열심히 했다는 평가(딸아이가 졸업반인데 취업 준비를 열심히 했다)와 결과는 불합격이었다는 사실(어제 결과가 나왔는데 불합격이었다) 그리고 실망스럽다는 자신의 감정(불합격 소식을 듣고 실망스러웠다)이 함께 나타나 있다. 그런데 이 셋 중 어떤 것을 "더 자세히 말해 달라."고 하느냐에 따라 대화의 흐름이 완전히 달라질 수 있다. 예를 들어 "취업 준비를 열심히 한 것에 대해 좀 더 이야기해 주게."라고 했다면 이후 친구의 대화는 딸이 얼마나 열심히 취업 준비를 했는지, 그리고 딸이 얼마나 성실하고 부지런한지에 초점을 맞추어 진

행될 것이다.

훌륭한 요리사가 되려면 우선 만드는 음식에 정성을 다해야 한다. 고객을 위해 기쁜 마음으로 '진심'을 담아 음식을 만들어야 한다. 다음으로는 자신의 진심을 최고의 요리로 표현해 낼 수 있는 능력을 갖춰야 한다. 진심은 있어도 맛있게 표현할 줄 모른다면 훌륭한 요리사라고 할 수 없다. 공감의 레시피를 통하여 탁월한 표현력을 발휘하기 바란다.

고수의 설득법

# 때로는 언더독을 활용하라
## 대중을 내 편으로 만드는 방법

[문제] 밸런타인데이를 앞두고 G초콜릿 회사의 사외보를 맡고 있는 함 기자는 이번 호 칼럼에서 회사의 성장 스토리를 고객에게 소개하면서 신상품 초콜릿을 홍보하려 한다. 다음 중 회사의 성장 스토리를 어떻게 구성하는 것이 효과적일까?

**A** '창립 20주년으로, 탄탄한 자본과 독자적인 기술로 시작하여 현재까지 성장을 계속하고 있는 회사'

**B** '20년 전 초라하게 시작했지만 IMF 위기를 극복하고 오늘의 성장을 이룬 회사'

얼마 전 결혼식 주례를 섰는데, 혼주인 지인이 고맙다며 식사를 하자고 했다. 문득 결혼식장에서 만난 그의 외삼촌이 생각났다. 주례 후 우연히 그의 외삼촌과 같은 테이블에 앉아 함께 식사를 하게 되었는데, 친화력이 좋았다. 혼주와 동갑인 외삼촌이라고 자신을 소개한 그는 주례사 잘 들었다며 이런저런 이야기를 했다. 혼주가 공부를 잘해서 어려운 살림에도 오늘날 저렇게 성공했다는 이야기였다. 지인을 만나서는 자연히 외삼촌 이야기부터 꺼내게 되었다. 어떻게 외삼촌과 나이가 같을 수 있느냐고 물었다. 그랬더니 이야기보따리가 풀어졌다. 난 그분 집이 워낙 가난해 힘들게 공부해서 여기까지 온 사실을 알고 있었다. "그래도 아버지가 살아 계실 때는 그런대로 먹고살 수 있었어요. 그런데 아버지가 서른여덟 젊은 나이에 갑자기 돌아가시면서 살림이 더 기울었어요. 아들 넷에 딸 하나를 남기고." 난 왜 돌아가셨느냐고 물었다. "정말 황당했어요. 시골에서 시제란 것이 있어요. 음력 10월에 5대 이상의 조상에게 제사를 지내는 것이지요. 그런데 시제 후 아버지가 갑자기 배가 아프다고 했다는 겁니다. 지금 생각하면 맹장염 정도 되었을 것 같아요. 무당을 불러 밤새 굿을 했는데, 굿이 끝난 후 바로 돌아가셨어요."

질문을 하고 대답을 하면서 그분은 온갖 이야기를 다 털어놓는다. 어머니와 나무를 하던 이야기, 공부 대신 농사나 짓자고 해서 울었던 이야기, 공부가 하고 싶어 추곡 수매한 돈을 훔쳐 줄행랑을 친 이야기, 공부를 못 마친 동생들의 가슴 아픈 사연…. 말하는 사람도 듣는 나도 정말 시간 가는 줄 몰랐다. 그분에 대해서는 나름 많은 걸 안다고 생각

고수의 설득법

했는데, 그날 만남 이후 우리 둘은 더욱 친해졌다. 술 한 잔 하지 않았지만 속 깊은 이야기를 털어놓으며 전우애 같은 것이 생겼다.

현재 한스컨설팅 대표이며 베스트셀러 저자인 한근태 소장의 《고수의 질문법》에 나온 몇 단락의 글을 여기에 옮겼다. 이 글에서 언급된 '지인'이 바로 나다. 나는 '개룡남'이다. '개천에서 나온 용'이란 뜻으로, 어려운 환경에서 출세한 남자를 가리킨다. 고향 친구들이나 한 소장님 같은 편한 분들을 만나면 어린 시절에 얼마나 가난하고 힘들었는지를 털어놓게 된다. 현재가 행복한 사람에게 과거의 어려웠던 스토리는 더 멋있는 추억이 되기 때문이다.

존경받는 분들에게는 유독 그런 불행했던 스토리가 많다. "미국 유학생활 6년을 마감할 즈음 그녀는 심사를 앞둔 학위 논문을 잃어버렸다. 짐을 줄이려고 논문 초고를 버린 뒤 완성본을 차 트렁크에 넣어두었는데 도둑이 훔쳐간 것이었다. 당시 워드프로세서는 시작 단계였고, 기계치였던 그녀는 전동식 타자기로 논문을 완성한 상태였다. 하늘이 무너진 것 같고 너무나 허무해서 죽고 싶었던 그녀는 닷새를 먹지 않고 누워만 있었다. 엿새째 되던 날 아침, 문득 그녀는 자신이 어떤 모습인지 호기심이 일었다. 거울 속 자신의 모습을 바라보고 있는데 내면에서 어떤 목소리가 속삭였다. '괜찮아. 다시 시작하면 돼. 다시 시작할 수 있어. 기껏해야 논문인데 뭐. 죽어서 못 쓰는 것도 아니고 지금 난 살아 있잖아. 논문쯤이야….' 별안간 절망이 왔던 것처럼 어느새 희망의 소리가 그녀를 찾아왔고, 그로부터 1년 후 그녀는 논문을 무사히 끝낼 수 있었다. 그녀는 소아마비로 평생 목발에 의지하고 세 차례의 힘든 암 투병을 겪었다." 아름다운 문장으로 많은 독자들의 심금을 울렸던 고 장영희 교수의 이야기다.

세상에는 장영희 교수처럼 역경을 이겨낸 분들의 이야기가 넘친다. 그리고 이런 이야기가 사람들의 이목을 집중시킨다. 한 방송사의 서바이벌 오디션 프로그램에서 우승을 거머쥔 어느 남매도 역경을 이겨낸 독특한 스토리로 대중의 마음을 사로잡았다. 이 남매의 집은 몽골에 있다. 그들은 정규 교육 대신 집에서 홈스쿨링을 받아왔다. 그러다 오디션에 출연하기 위해 비행기를 타고 한국에 왔다. 그들의 이야기는 세간의 화제가 되었으며, 그들이 노래하는 모습이 담긴 동영상은 시청자들의 공감을 얻어 엄청난 조회수를 기록했다.

대중의 마음을 파고드는 데 성공한 이러한 사례들은 공통적으로 '스토리'라는 요소를 갖추고 있다. 이들의 스토리는 모두 '초라하게 시작했지만 희망과 꿈을 갖고 있었으며, 결국 여러 역경을 극복해냈다'로 요약된다. 애플의 스티브 잡스도 친부모로부터 버림받고 불우한 어린 시절을 이겨낸 사람이다. 평발이라는 불리한 조건을 극복하고 남들보다 두 배 이상 더 뛴 박지성 선수도 이 세 가지 요소를 갖추고 있다. 인생 역경뿐 아니라 스포츠와 비즈니스에서도 이러한 스토리가 담겨야 사람들은 공감하며 대중은 더 열광한다. 왜 그럴까?

지금 여러분이 프로 야구를 관전하고 있다고 하자. 어느 특정 팀의 팬이 아니라면 강팀과 약팀 중 어느 팀을 응원하겠는가? 사람들은 약팀을 응원하는 경향이 있다. 대부분의 사람들이 자신도 약자라고 생각하고 있기 때문이다.

'20%의 상위 소수자가 사회 전체 부의 80%를 차지한다'라는 파레토의 법칙이 있다. 이 법칙에서 말하는 '20:80'의 사회에서는 80%가 스스로를 비주류로 생각하는데, 이들은 유튜브·페이스북·트위터 등의 소셜 미디어에서 공감대를 유통시키는 폭발적인 에너지를 갖고 있다. 사람들은 탑독(top dog)으로 보이는 강자는 시기하고 견제하지만, 힘없는 약자에게는 유대감과 동정을 느낀다. 이처럼 약자를 응원하려는 인간의 성향을 '언더독 효과(underdog effect)'라고 한다. 두 마리의 개가 싸움을 하면 한 마리는 승자가 되어 위에 서게 되고(top dog), 한 마리는 패자가 되어 밑에 깔리게 되는데(underdog), 관중들은 아래로 깔리게 된 힘없는 개가 이겨주기를 바라는 심리에서 유래된 말이다.

특히 우리 한국인의 정서 밑바닥에는 약자를 응원하는 공감 정서가 유별나다. 그래서 우리가 어렸을 때 재미있게 읽었던 고대 소설의 주인공은 대부분 약자였고 처음에는 불행했다. 우리는 그들의 고난과 아픔에 같이 가슴 아파하고 공감했다. 《흥부전》은 힘 있는 형에게 학대받고 살아가는 흥부의 고단한 삶과 서러움을 묘사했고, 《심청전》과 《춘향전》, 《장화홍련전》 등의 주인공들도 강자들에게 고통받는 약자의 모습을 보여준다. 우리는 심청을 동정하고 춘향이 편을 들었으며, 장화와 홍련의 시련에 함께 눈물을 흘렸다. 요즘 텔레비전 드라마들도 거의 예외 없이 부자와 가난한 자의 갈등, 재벌가의 횡포와 서민의 애환을 단골 소재로 삼고 있다. 약자에 대한 한국인의 공감대를 교묘하게 파고든 것이다.

## "우리는 2등입니다"

옛날에는 자신이 '1등'임을 주장하는 회사나 브랜드가 많았는데, 최근에는 2등이거나 초라했던 과거를 내세우면서 불쌍한 척하는 회사가 많아졌다. 돈이 없어 차고에서 창업한 과거를 강조하거나, 대기업에게 당하면서 힘겹게 투쟁하는 중소기업의 모습을 부각시키면 소비자들의 동정과 응원을 받을 수 있기 때문이다.

기업도 이러한 점을 마케팅에 활용하고 있다. 미국의 렌터카 업체인 에이비스(Avis)는 1위인 허츠(Hertz)를 활용하여 의도적으로 '언더독 효과'를 노렸다. "우리는 2등입니다. 그래서 더 노력합니다."라는 메시지로 사람들의 마음을 움직였던 것이다. 놀라운 점은 당시 에이비스는 실제 2등이 아니라 7~8위 업체였다는 것이다. 그런데 "우리는 2등입니다"라는 메시지를 통해 진짜 2등의 위치에 도달하게 된 것이다. 우리나라에도 오뚜기 진라면의 2등 광고가 있었다. 배우 차승원의 "이렇게 맛있는데, 언젠가 1등 하지 않겠습니까?"라는 멘트가 사람들의 마음을 움직인 것이다. 그 덕분인지 실제로 진라면은 1등인 신라면과 점유율 격차를 많이 좁혔다고 한다.

그렇다면 이러한 심리적 유대감이 실제 소비자들의 구매에 영향을 미칠까? 미국 조지타운대학의 니루 파하리아(Neeru Paharia) 연구팀은 2011년 언더독 효과에 대한 연구를 진행했다. 203명의 미국 학생을 대상으로 언더독 스토리의 영화를 보여주고, 실제 언더독 조건의 기업에서 만든 초콜릿이 더 많이 선택되는지를 살펴보았다. 실험 결과, 어려운 환경에서 도전하여 원하는 성취를 이루는 영화를 본 사람들은 실제 언더독 조건의 초콜릿을 더 많이 구매하는 것으로 나타났다. 그런데 특이한 것은 타인을 위한 구매에서는 효과가 없었고, 자신을 위한 구매에서 언더독 효과가 더 많이 발생하는 것이었다. 즉, 언더독 마케팅 효과는 소비자 자신과 관련된 상황에서 더 커질 수 있다는 것이다.

커뮤니케이션에서 '언더독'은 정치인들의 선거 유세에서 자주 활용된다. 자신이 앞서고 있다고 하지 않고 약자이며 수세에 놓여 있다고 유권자에게 읍소하는, 이른바 '눈물 작전'을 사용한다. 다수의 비주류 유권자들은 특히 약자에게 동정을 보이기 때문이다. 눈물을 흘리며 간절히 호소하면 우리는 자신도 모르게 정에 이끌려서 그 사람의 말을 들어주게 된다. 어떤 이유로 눈물을 흘리든, 울음은 말을 하지 않고도 그 사람의 감정을 전달하는 매우 강력한 언어다. 《어른이 눈물을 흘릴 때(Adult Crying)》라는 책에 "그렇게 짧은 시간에 이토록 많은 감정을 전달할 수 있는 수단은 그리 많지 않다."라는 구절이 있다. 눈물은 다른 사람을 움직이는 또 다른 힘이다. 울고 있는 사람을 보면 대개 그냥 지나치기가 어렵다. 눈물을 통해 그 사람이 고통받고 있다는 것을 알게 되고, 그에 대한 자연스러운 반응으로 우리는 적극적으로 도와주려는 마음이 생긴다. 이렇게 보면 자녀들이 결혼을 반대하는 부모에게 울며 호소하는 행동도 대단히 설득력 있는 표현 방법이 된다. 자신이 얼마나 간절하고 고통스러운지를 입으로 말하는 대신 눈물로 전달하기 때문이다.

　세상에서 제일 어려운 것이 두 가지가 있다. 첫 번째가 내 생각을 남의 머리에 넣는 일이고, 두 번째가 남의 주머니에 있는 돈을 내 주머니로 옮겨오는 일이다. 커뮤니케이션과 마케팅은 이 어려운 두 가지를 모두 포함하는 활동이라 할 수 있다. 우리 회사의 상품과 서비스의 장점을 고객의 머리에 입력시켜야 하고, 구매를 통해 고객의 주머니에 있는 돈을 우리 회사로 옮겨와야 하기 때문이다. 그런데 요즘 고객들은 생각만큼 호락호락하지 않다. 설득의 고수는 심리적으로 마음을 파고들어 접근한다. 이런 의미에서 진정성을 보여주는 방법으로 대중의 연민과 공감을 얻어내는 언더독 효과를 활용해 보기 바란다.

# 독이 되는 칭찬, 약이 되는 칭찬

고래도 춤추게 하는 칭찬법

**[문제]** 혜미 엄마는 이번 수학 경시대회에서 혜미가 엄마의 칭찬을 통해 더 어려운 문제

에 도전해서 열심히 공부하는 모습을 보고 싶다. 다음 중 엄마로서 더 효율적인 칭찬은?

> **A** "와, 이렇게 어려운 문제를 풀어내다니!
>    혜미야, 넌 정말 머리가 좋은 것 같다."
>
> **B** "와, 이렇게 어려운 문제를 풀어내다니!
>    혜미야, 너의 노력이 정말 가상하구나."

"선배님, 저희 지점장들을 대상으로 강의 좀 부탁드립니다. 직원들

을 칭찬하는 방법을 주제로 강의해 주셨으면 합니다." K은행 영업그룹

을 맡고 있는 김 대표에게서 받은 전화다. "왜 그런 강의가 필요하죠?"라고 물었더니 "지점장들이 직원들한테 '어제 펀드 3계좌나 했던데? 잘했어. 그런데 말이야…'라는 식으로 사족을 붙여 칭찬하니 격려는커녕 되레 직원들의 기분을 나쁘게 만드는 것 같습니다."라고 대답하는 것이었다.

질책과 지적은 사람을 힘 빠지게 하고 위축시킨다. 반면에 칭찬과 격려는 의욕을 북돋워주고 잠재 능력을 발휘하게 하는 원동력이 된다. 이 사실을 모르는 사람은 거의 없다. 그럼에도 불구하고 칭찬을 통해 직원들을 이끄는 리더는 의외로 적은 편이다. 왜 칭찬을 하지 않느냐고 물어보면 "칭찬할 만한 사안이 별로 없어서요."라고 대답한다. 그러나 똑같은 사안이라도 리더가 어느 쪽에 주목하느냐에 따라 질책이 되기도 하고 칭찬이 되기도 한다.

두 명의 볼링 코치가 자기 팀의 선수들을 가르쳤다. 강 코치와 남 코치였다. 양 팀 선수들은 모두 1프레임에 여덟 핀을 넘어뜨렸다. 이때 강 코치는 "잘했어! 여덟 핀이나 쳤네."라고 선수들을 칭찬했다. 반면 남 코치는 "뭐하는 거야? 아직 두 핀이나 남았잖아."라고 질책했다. 이후 강 코치가 가르친 선수는 성적이 꾸준히 향상됐지만, 남 코치가 가르친 선수는 갈수록 성적이 떨어졌다. 이것이 바로 '볼링 효과'다.

'커셴바움의 볼링 실험'이 이러한 효과를 증명하고 있다. 미국의 심리학자 대니얼 커셴바움(Daniel Kirschenbaum) 박사는 볼링을 배우려는 초보자들을 두 그룹으로 나누어 3게임씩 플레이하도록 했다. A그룹은 스트라이크 등 결과가 좋은 장면만 촬영하고, B그룹은 공이 빗나가는 등 실수하는 장면만 촬영했다. 촬영을 마친 후 두 그룹을 6개월 동안 일주일에 5시간씩 연습하게 했다. 그리고 이 6개월 동안 전에 촬영한 비디오를 수시로 보여주었다. 즉, A그룹에는 스트라이크 등 성공적인 플레이 장면을 보여주었고, B그룹에는 실패하는 장면만 계속 보게 한 것이다.

6개월 후 두 그룹의 볼링 실력에 어떤 차이가 생겨났는지를 점검했다. 결과는 성공 장면을 반복해서 본 A그룹의 실력이 B그룹보다 훨씬 좋았다. 두 그룹에 주어진 조건에 차이가 있다면 서로 다른 비디오를 보았다는 것뿐이었다. 만약 비디오 시청이 아니라 강 코치처럼 잘한 일에 초점을 맞추어 직접 칭찬을 했더라면 그 효과가 훨씬 더 컸을 것이다. "아홉 가지의 잘못을 찾아 꾸짖는 것보다 단 한 가지의 잘한 일을 찾아 칭찬해 주는 것이 그 사람을 올바르게 인도하는 것이다." 미국의 전설적 처세술 전문가인 데일 카네기(Dale Carnegie)의 말이다.

## '능력'이 아니라 '노력'을 칭찬하라

지금까지는 칭찬을 통해 의욕을 북돋아주어야 한다고 강조했다면, 이제는 어떻게 칭찬해야 할지를 생각해 보자. 칭찬은 고래도 춤추게 한다고 한다. 그러나 반드시 그런 것은 아니다. 어떻게 하느냐에 따라 칭찬이 오히려 동기부여를 해치는 요인으로 작용할 수도 있기 때문이다. 결론부터 말하면 "박 대리는 참 성실한 것 같아.", "혜미야! 너는 정말 머리가 좋은 것 같다." 하는 식의 칭찬은 효과적인 칭찬이 아니다. 서두 [문제]에서 A는 '능력'을 칭찬한 것이고 B는 '노력'을 칭찬한 것으로, 칭찬이라는 자극은 능력이나 자질보다는 과정이나 노력에 초점이 맞추어져야 한다. 능력이나 자질은 변화 가능성이 작으나, 과정과 노력은 변화 가능성이 크기 때문이다.

미국 콜롬비아대학의 클라우디아 밀러 연구팀은 칭찬과 성과에 관한 연구를 위해 400명의 학생을 모집하여 지능검사를 했다. 검사가 끝난 뒤에는 학생들 각자에게 점수를 알려주었다. 실제 점수가 아니라 가상의 점수였고, 모든 학생에게 당신은 좋은 점수를 받았으며, 80% 이상의 문제를 정확하게 풀었다고 알려주었다. 그러면서 한 그룹의 학생에게는 "이렇게 어려운 문제를 풀다니, 머리가 정말 좋은 것 같다."라고 '능력'에 대한 칭찬을 해주었고, 다른 그룹의 학생들에게는 "어려운 문제를 열심히 풀다니, 너의 노력이 정말 멋지구나."라고 '노력'에 대한 칭찬을 해주었다. 이후 두 그룹에 다시 두 가지 과제를 주고 그중 한 가지 과제를 선택해서 풀도록 했다. 하나는 어렵지만 배울 게 많은 문제라고 설명하였고, 다른 하나는 아주 쉬워서 풀기는 쉽지만 배울 것은 적은 문제라고 설명해 주었다. 과연 두 그룹의 학생들은 어떤 선택을 했을까?

앞선 검사에서 '능력'을 칭찬받은 학생들은 65%가 쉬운 과제를 선택했다. 반면에 '노력'을 칭찬받은 학생들은 55%가 어렵지만 배울 것이 많은 문제를 선택했다.

사람의 능력을 칭찬하게 되면 자신이 능력 있는 사람이라는 사실을 유지하기 위해 다음 과제는 상대적으로 쉬운 과제를 선택해 자신의 능력을 유지해 보이려 한다. 그렇다면 이때의 칭찬은 약이라기보다 독에 더 가깝다고 할 수 있다. 이 같은 결과는 '자기 고양의 욕구(need for self-enhancement)'로 설명된다. 능력을 칭찬받으면 이 욕구가 단기적으로 충족된다. 그러나 자신의 능력이 망가지는 것이 두려워 도전을 회피함으로써 결국 능력이 떨어지게 된다. 반면에 노력을 칭찬받으면 노력하는 자신의 모습에 자기 고양의 욕구가 충족되어 그 모습을 유지하기 위해 지속적으로 도전하게 된다는 것이다.

## 칭찬은 스리쿠션으로

"참고로 아래 첨부한 영국의 사례 연구와 번역 작업은 박강수 대리가 수고해 주었습니다."

내가 외국계 은행에서 근무할 때 배운 것 중의 하나는, 거의 모든 문서를 도식화·구조화하지 않고 완전한 문장으로 만들어 메일 형식으로 주고받는 점이었다. 위의 문장은 한 보고서의 하단에 서술한 것으로, 나는 이런 형식으로 팀원들의 수고에 대해 언급했다. 이 메일을 통해 여러 사람에게 공개적으로 박 대리의 노력을 칭찬하는 것이 내 숨은 의도였다. 물론 박 대리도 이 문서를 보았을 것이다. 국내 은행에 근무할 때는 팀원들에 대한 칭찬을 내 상사나 그와 친한 다른 사람에게 말하고 다니는 방법을 즐겨 썼다. "우리 지점 전 팀장님의 고객관리는 혀를 내두를 정도입니다. 글쎄, 작년에 건설 회사 재무부장의 모친상에 다녀와서는 올해 첫 제삿날을 기억했다가 청주 한 병을 사 들고 방문했다지 뭡니까?" 당시 상사인 민 본부장에게 했던 전 팀장에 대한 나의 칭찬이었다.

위의 두 사례는 따지자면 모두 공개적 칭찬이다. 여기에서 '공개적 칭찬'이란 꼭 많은 사람의 면전에서 칭찬하는 것만을 의미하지는 않는다. 스리쿠션의 방식으로 칭찬이 그 사람의 귀에 들어가게 하는 것이다. 칭찬은 본인에게 직접 하는 것도 좋다. 그런데 본인에게 직접 하는 칭찬은 '의도'가 있다고 생각할 수도 있다. 그렇다면 당사자가 없을 때 하는 '스리쿠션 칭찬'을 생각해 볼 수 있다. 다른 사람으로부터 누가 자기를 칭찬했다는 이야기를 들으면 직접 칭찬을 듣는 것보다 더 기분 좋은 법이다. 이른바 '스리쿠션 칭찬'이기 때문이다.

어느 택시 회사에 성격이 무척 까다롭고 신경질적인 수리공이 있었다. 별것 아닌 일로 동료와 다툼이 생기자 인사과장이 그 사람을 해고하자고 사장에게 건의했다. 그러나 사장은 그 사람이 얼마나 수리 솜씨가 탁월한지에 대해 칭찬하면서 없었던 일로 하자고 말했다. 사장의 칭찬은 오래 지나지 않아 수리공의 귀에 들어가게 되었다. 그러자 놀라운 일이 일어났다. 까다롭고 불만이 가득했던 그 사람이 사장의 칭찬 한마디에 친절하고 유머러스한 사람으로 변했다. "좋은 칭찬 한두 마디면 두 달을 견뎌낼 수 있다."는 미국의 소설가 마크 트웨인의 말이 생각나게 하는 사례다.

고수의 설득법

## 주워듣기 효과

　어느 날 남편이 아내에게 진지한 얼굴로 "당신을 정말 사랑해. 당신과 결혼한 것이 내 인생에서 제일 잘한 일인 것 같아."라고 말한다면 이 말을 곧이곧대로 믿을 아내가 많지 않을지도 모른다. 오히려 '이 사람이 뭐 잘못한 거 있나?' 생각할 수도 있다. 그런데 우연히 만난 남편의 회사 동료가 "남편이 회사에서 아내 자랑을 얼마나 하는지, 다들 부러워한답니다."라고 말한다면 어떨까. 아내는 아마 '남편이 나를 정말 사랑하나 보네?'라고 생각할 가능성이 크다. 심리학에서는 본인이 직접 말할 때보다 이처럼 제삼자가 전달했을 때 설득 효과가 더 높아진다고 알려져 있다. 당사자와 이해관계가 전혀 없기 때문이다. 이것이 바로 '주워듣기 효과'이다.

　상사가 실적을 독려하려는 의도로 또는 호감을 얻기 위해 뻔한 칭찬을 한다면 우리는 이런 상사를 잘 신뢰하지 않는다. 메시지 전달자가 이득을 얻으려는 의도를 가지고 있다고 생각하기 때문이다. 당연히 메시지의 설득력도 함께 떨어진다. 예를 들어 "우리 회사에 믿을 사람은 자네밖에 없네. 바쁘겠지만 다음 프로젝트도 자네가 맡아주게."라는 상사의 칭찬은 직원 입장에서는 반갑지 않을 것이다. 칭찬으로 뭔가를 얻는 사람은 바로 칭찬하는 상사이기 때문이다. 이와 반대로, 메시지 전달자가 영향을 미치려는 분명한 의도를 가졌다고 하더라도 메시지 수용자가 그렇지 않다고 생각하면 메시지의 설득력은 크게 증가한다. 만약 당신이 상사의 눈에 들고 싶어서 상사가 화장실에 주로 가는 시간을 파악한 뒤 그 시간에 미리 화장실 빈칸에 앉아 있다가 마치 친구와 통화하는 것처럼 "우리 팀장님의 업무 추진력이 대단하셔."라고 칭찬을 늘어놓았다면, 상사는 당신이 진심으로 자기를 존경한다고 생각하고 흐뭇한 미소를 지을 가능성이 크다. 숨어서 하는 간접적인 칭찬이 효과적인 이유가 여기에 있다.

나는 K대표가 의뢰한 강의에서 후배 지점장들에게 능력과 자질보다는 특히 노력과 과정을 관찰해서 구체적으로 칭찬해야 한다고 강조했다. 오늘 5억짜리 보험을 가입시킨 눈부신 실적보다도 고객의 거절과 냉대를 무릅쓰고 하루 10명의 고객에게 가입 의사를 꼬박꼬박 묻고 상품의 장점과 혜택을 집요하게 설득한 스토리(과정)를 들어주는 것이 더 훌륭한 칭찬이 될 것이라고 설명했다. 결과가 아닌 과정과 노력에 초점을 맞추라는 것이었다.

운동선수에게 관중이 보내는 박수는 탁월한 기량의 결과보다는 힘들게 달리는 과정을 칭찬하는 것이다. 마라톤 선수도 시민들이 길가에 늘어서서 환호하며 응원할 때 더 좋은 기록이 나온다. 이른바 '관중효과(audience effect)'이다. 달리는 과정에는 아무런 응원도 하지 않고 골인 지점에서 기다리다가 상위권에 들어와야 박수를 친다면 선수가 좋은 기록을 내기 힘들다. K대표에게도 부탁했다. "이번 대출 거래처는 박 과장이 6개월이나 공을 들여 뚫은 거라면서?"처럼 지점장에게 전해 들은 칭찬거리를 꼭 준비해서 지점을 순회하길 바란다고.

# 두 귀가 아니라 온 마음으로 들어라

## 경청을 훈련하는 방법

[문제] 혜미 엄마는 자녀가 같은 유치원에 다니는 수다쟁이 엄마들과 점심을 하기로 했다. 가장 신경이 쓰이는 수민이 엄마에게는 어떤 화제로 이야기하게 할까를 고민 중이다. 다음 중 수민이 엄마가 대답하면서 가장 행복해할 만한 질문은?

**A** "수민 엄마! 요즘도 등산 같은 야외 스포츠를 좋아하세요?"

**B** "유재석은 등산 같은 야외 스포츠를 좋아합니까?"

**C** "에베레스트가 세계에서 가장 높은 산인가요?"

나는 한 연구원 원장으로도 근무하고 있다. 얼마 전 우리 연구원에서 조사한 서비스 만족도 결과를 토대로 모 보험사의 콜센터 상담사를 대상으로 강의를 했다. 이번 조사에서 한 고객은 이렇게 이야기했다.

"상담사가 자꾸 자기 할 말만 하고 내가 물어보려고 하는 말을 계속 중간에 끊어서 마치 '너는 말하지 마. 나만 말할 거야' 하는 느낌을 강하게 받았다. 직원들이 잘 듣지 않고 전화를 빨리 끊으려고만 한다."

나는 강의 중에 "고객의 말을 중간에 끊게 되는 이유가 무엇인가요?"라고 상담사에게 질문했다. "고객이 '내가 이번 계약을 어렵게 땄는데, 계약 이행 보증서를 처음 끊어본다' 하는 식으로 문제 해결과 관련 없는 개인적인 얘기를 늘어놓아서 그걸 다 들어주면 상담 시간이 너무 길어져서요.", "처음 몇 마디만 들어봐도 무슨 문제 때문에 전화를 걸었는지 바로 압니다. 나머지 얘기는 더 들을 필요가 없어요.", "하루 몇 콜(상담 건수)을 받느냐가 인센티브에 영향을 미치는데, 빨리 끊어야 더 많은 콜을 받죠."라는 대답이 돌아왔다. 나도 K은행 시절 콜센터장을 맡아본 적이 있는지라 일견 그들의 말에 공감되는 바가 있었다. 경청하지 않는다는 고객 불만이 생긴 이유가 꼭 상담사들만의 탓은 아닌 것이다.

미국의 온라인 신발 유통 업체 자포스는 콜센터 직원에게 보상할 때 시간당 처리한 전화 건수를 따져 효율성을 계산하지 않는다. 전화를 건 고객이 원래 사려던 제품보다 더 많이 사도록 권유한 실적도 보상 기준이 아니다. 자포스는 전화를 건 소비자가 상담원과 몇 시간씩 통화해도 괜찮다고 말한다. 콜센터에서 고객과 가장 오래 통화한 시간이 무려 10시간 43분에 달한다. 자포스는 피자 가게 위치를 묻는 고객의 엉뚱한 질문에 대해서도 성실하게 답해 준다. 그들은 "우리는 행복을 배달합니다."라고 말한다. 최고의 기업들은 역설적이게도 돈과 생산성을 가장 중요하게 여기지 않기 때문에 오히려 더 많은 돈을 번다.

## 경청이 어려운 까닭은?

그럼 상담원처럼 콜수를 따지지 않는 일반인들은 '경청'을 그렇게 강조하는데도 왜 잘 듣지 못할까? 결론부터 말하면 이렇다. 우리는 모두 귀를 두 개씩 갖고 있지만, 이 귀를 사용하는 기술은 거의 배운 바가 없다. 무엇보다도 우리는 말을 하고 싶어 하는 본능 같은 성향을 타고 났다.

최근 하버드대학의 과학자들은 이런 실험을 했다. 실험 참가자들이 '나는 스노보드를 즐긴다' 또는 '나는 ~을 좋아한다'처럼 나 자신과 관련된 것을 읽을 때[자신(self)과 관련된 주제]와, '오바마는 강아지를 좋아한다'처럼 나와 상관없는 주제를 볼 때[타인(other)과 관련된 주제] 그리고 '레오나르도 다빈치가 모나리자를 그렸죠'처럼 사실과 관련된 질문을 받았을 때[사실(fact)과 관련된 주제]로 나누어 사람들의 뇌가 어떻게 달라지는지를 관찰했다. 실험 결과, 다른 사람에 대해 이야기하는 것을 볼 때는 뇌가 별로 즐거워하지 않았다. 내 이야기를 할 때와 내가 좋아하는 이야기를 할 때처럼, 자기 자신(self)에 대한 질문을 받거나 말하게 될 때 우리 뇌는 즐거워했다. 이때 우리 두뇌의 쾌락 중추가 활성화되는 것이 목격되었다. 우리 뇌의 쾌락 중추는 어떤 보상을 받거나 섹스와 코카인, 마약과 같은 것에 반응할 때 활성화된다. 즉, 자기 자신에 관해 이야기하는 것은 섹스나 마약을 할 때와 유사한 쾌감을 유발하는 것이다. 따라서 [문제]의 질문 중에서 수민이 엄마에게는 본인 관련 이야기인 A질문에 대답할 때가 가장 행복할 것이다.

이 실험에서 더 흥미로운 것이 있다. 참가자들에게 다양한 액수의 돈을 지급하면서 여러 종류의 질문에 답해 달라고 요청했다. 돈의 액수는 참가자가 선택한 질문에 따라 결정되었다. 참가자들은 그들 자신에 대한 질문, 다른 사람에 대한 질문, 실제 사실에 대한 질문 중 하나를 골라 대답할 수 있었다. 이때 자기 자신에 대한 질문을 선택하지 않아야 돈을 더 받도록 실험을 설계했다. 다른 질문을 선택하도록 참가자들을 유도한 것이다. 그런데 실험 결과는 예상과 달랐다. 사람들은 평균적으로 17% 정도 더 낮은 금액을 받더라도 자신과 관련된 질문에 관해 말하는 쪽(66%~69%)을 기꺼이 선택했다. 이와 관련해서 생각해 보면 사람들이 소셜 미디어에 올리는 글의 내용이 금방 떠올려진다. 트위터, 페이스북, 인스타그램, 블로그에는 온통 자기 얘기로 가득 채워져 있다. 내가 생각하는 것, 내가 오늘 먹은 것, 내가 다녀온 곳, 결국 내 이야기를 하는 것이 즐겁고 행복한 것이다.

우리 모두가 이렇게 자신에 관해 말하기를 좋아한다면(전달자), 당연히 내 말에 귀를 기울여줄 다른 사람(수신자)이 필요하다. 그러나 경청해 주는 수신자는 주변에 그리 많지 않다. 아니, 단순히 귀만 열어 놓고 상대의 말을 듣고 있기는(hearing) 하다. 그러나 귀 기울여 듣지

(listening) 않는다. 귀만 열어놓는 것이 아니라 눈과 마음을 열어서 온 몸으로 듣는 것이 경청이다. 그럼 왜 사람들은 경청하지 못할까. 앞서 말한 것처럼 사람들은 자신의 이야기를 할 때 쾌감을 느끼기 때문이다. 즉, 경청은 타고난 인간의 본능이 아니다. 피나는 인위적 학습이 필요한 훈련이다. 우리 인간이 그렇게 생겨먹었다. 보통 사람은 1분에 120단어를 말하고 600단어를 듣는다. 상대방이 120단어를 말하고 남는 여유 시간에 자신의 답변을 준비하는 것이다.

미국의 심리학자 앨버트 메라비언(Albert Mehrabian)은 사람의 대화 중 단어로 전달되는 것은 7%, 음성이 38%, 비언어, 즉 몸짓이나 표정으로 전달되는 것이 55%라고 했다. 따라서 이 여유의 순간에 자신의 답변이 아니라 상대방의 말, 음성과 어조, 몸짓, 표정에 집중해야 한다. 귀 기울여 듣는 행위(listening)는 관심과 주의력이 필요하며, 단순히 듣는 행위(hearing)보다 더 많은 감각기관을 자극한다. 메라비언의 법칙이 시사하는 바는, 말의 의미만으로는 메시지를 효과적으로 전달할 수 없다는 점이다. 소셜 미디어에 다양한 표정과 몸짓의 이모티콘이 쓰이는 것도 그 때문이다.

심리언어학을 연구하는 네덜란드 막스플랑크 협회의 스티븐 레빈슨(Steven Levinson)은 "우리는 상대가 말하는 동안 자신의 반응을 준비한다."고 주장했다. "우리는 상대의 말을 듣는 동안 우리 자신의 말을 구성해 냅니다. 말할 기회가 오면 최대한 빨리 그 기회를 포착하기 위해서지요." 정말 맞는 말이다. 우리는 말하는 동안은 듣지 못한다. 다른 사람의 말을 들으면서 내가 무슨 말을 할지를 생각한다면 상대의 말은 건성으로 들을 수밖에 없다.

방송 토론도 그렇고, 직장에서 회의를 할 때도 다른 사람이 발언하는 동안 자신이 발언할 내용에 몰두하는 사람들이 있다. '지금 이야기가 끝나면 이 말을 해야겠다'는 생각에 골몰하는 것이다. 발언자의 이야기가 귀에 들어올 리가 없다. 그래서 발언자의 말이 끝나기가 무섭게 "제 의견은…" 하면서 지금까지의 맥락은 고려하지 않은 채 자신이 하고 싶은 말을 쏟아낸다(물론 상대방이 한창 말을 하고 있을 때 하고 싶은 말이 생각날 경우에는 메모해 두면 좋다).

한 연구에서 한국을 포함해서 이탈리아 덴마크 일본 미국 등 서로 다른 언어로 이루어지는 대화를 기록한 결과 한 문장이 끝나고 답변이 시작될 때까지의 시간이 약 200밀리 초(0.2초)밖에 안 된다는 사실을 발견했다. 참고로 덧붙이자면 기억으로부터 단어 하나를 끄집어내는 데 걸리는 시간은 600밀리 초(0.6초)라고 한다. 따라서 200밀리 초(0.2초)안에 응답을 한다면, 상대의 말을 듣는 동안에 대답을 미리 준비한 것이다. 대화가 숨 쉴 틈도 없이 빠르게 오고가는 이유가 있었던 것이다. '현명한 자는 긴 귀와 짧은 혀를 가지고 있다'는 영국 속담이 있다. 자신의 말은 짧게 하고, 상대의 말을 잘 들으라는 말이다. 잘 듣는 방법이 여기에 있다.

## 말하기의 반대는 기다리기

한 목사님의 설교에서 재미있는 이야기를 들었다. "수십 명의 여인을 농락한 '제비'가 어느 날 경찰서에 잡혀 왔다. 일반적 예상과는 달리 용모도, 조건도 별 볼 일 없었다. 심지어는 평균에도 못 미치는 수준이라서 의구심이 생긴 수사관이 물었다. '도대체 당신은 무슨 수로 여자들을 유혹한 거요?' 제비의 대답은 의외로 간단했다. '여자들의 말을 끝까지 들어주고 적절히 맞장구를 쳐줬을 뿐입니다. 여자의 말이 정 재미없을 때는 맘속으로 애국가를 부르면서까지 참았습니다.'" 제비의 유혹 기술은 뜻밖에도 경청이었던 것이다. 앞에서도 언급했듯이 잘 듣는 능력은 본능이 아니어서 훈련이 필요하다. 《파는 것이 인간이다》라는 책에서 다니엘 핑크는 자기가 받은 경청 훈련 중 '놀라운 침묵(amazing silence)'에 대해 소개하고 있다. '나는 열 살가량 나이가 더 많은 어느 방송국 최고 경영자와 짝이 되었다. 규칙은 이러했다. 한 사람이 자신에게 중요한 의미가 있는 이야기를 상대방에게 하면 상대편은 그 이야기를 듣는 동안 계속해서 눈을 맞추고 있다가 대답하는 것이다. 단, 15초가 지난 후에 말을 해야 한다.' 이 훈련은 말하기의 반대는 '듣기'가 아니라 참고 '기다리기'라는 것을 가르쳐주고 있다. '기다리기'는 바로 말하고 싶은 것을 꾹꾹 참는 것이다.

이날 보험사 상담사들을 위한 경청 훈련으로 나는 두 사람씩 팀을 이뤄 짝에게 최근 관심사에 대해 서로 이야기하도록 했다. 규칙은 세 가지였다.

첫째, "와", "어머나", "진짜야?" 등 감탄사를 사용할 것

둘째, "아이가 수족구병에 걸렸다고? 어떡해?"처럼 상대의 마지막
말을 따라 할 것

셋째, 상대의 말이 끝난 후 3초를 기다렸다 말할 것


'연애할 때 사랑하는 사람이 더 참는다. 그래서 더 아프다.'는 말이 있다. 말을 잘하는 사람이 더 잘 참는다. 말 못하는 사람은 중간에 말을 톡톡 잘라먹고 불쑥 끼어든다. 다른 사람이 말할 때 우리는 흔히 상대방이 지금 하고 있는 말과 다음에 자신이 하려는 말에 관심을 분산시킨다.

'배우자 경청(spouse listening)'이란 용어가 있다. 스마트폰을 보거나 신문을 보면서 건성으로 듣는 것, '좀 조용히 해봐' 하는 식으로 말을 가로막기까지 하는 경청이 바로 배우자 경청이다. 한 달에 한두 번 정도는 부부 간에도 경청 연습을 해보는 것이 좋겠다. 연습 방법은 이렇다.

첫째, 다음 세 마디로 맞장구를 치면서 계속 이야기한다. "아니!", "그래서 어떻게 됐는데?", "더 자세히 얘기해 봐!"

둘째, 상대 말이 끝날 때까지 내 말은 하지 않는다. 상대가 "난 충분히 얘기했으니 이제는 당신 차례야."라고 말할 때까지 참는다.

셋째, 상대가 말한 것을 반복 요약해서 말해 준다. "당신이 한 말은 이러이러한 것이지? 맞아?"라는 식으로 되묻는 것이다. 상대가 예스라고 답하면 비로소 당신도 이야기할 수 있다.

참, 한 가지만 덧붙이겠다. 나도 최근에 나쁜 습관 하나를 고쳤다. 고객과 미팅을 할 때나 동료들과 점심을 먹을 때나 습관처럼 휴대폰을 탁자 위에 놓고 있었다. 급한 전화가 올 일이 없는데도 말이다. 영국 엑세스대학에서 수행된 한 연구에서 연구자들은 낯선 사람 한 쌍을 방 안에 앉혀놓고 잡담을 나누게 했다. 실험에 활용된 방들 가운데 절반은 탁자 위에 휴대폰이 놓여 있었고, 나머지 절반은 휴대폰이 놓여 있지 않았다. 대화가 끝난 후 연구자들은 참가자들에게 서로를 어떻게 느꼈는지 물어보았다. 그 결과, 휴대폰이 있는 방에서 잡담을 나눈 참가자들이 휴대폰이 없는 방에서 잡담을 나눈 참가자들보다 친밀감, 신뢰감, 파트너에 대한 공감 등 관계의 질을 더 낮게 평가한 것으로 나타났다. 휴대폰의 존재 자체가 대화의 질과 대화 당사자들의 유대감에 악영향을 미친다는 결론이다. 단지 휴대폰이 탁자 위에 놓여 있었을 뿐인데도 말이다! 물론 가볍게 이야기를 나눌 때보다는 중요한 이야기를 나눌 때 그렇다는 것이다. 하지만 실험 참가자들은 이 점을 인식하지 못했다.

여러분도 휴대폰을 눈에 보이지 않는 곳에 두기 바란다. 탁자 위에 놓인 휴대폰은 시선을 분산시켜서 상대방의 이야기를 경청하는 데 나쁜 영향을 미치기 때문이다.

# 명사로 쉽게 단정 짓지 마라

## 낙인 효과와 범주화의 함정

[문제] 규리는 추리 소설가 지망생이다. 이번 소설의 주인공인 영철이를 악역으로 묘사하기 위해 소설의 첫 문장을 이렇게 시작하려 한다. 다음 중 규리의 의도를 반영한 표현으로 더 적절한 것은?

> **A** "영철이가 사람을 죽였다."라는 말이 온 동네에 순식간에 퍼졌다.
>
> **B** "영철이는 살인자래."라는 말이 온 동네에 순식간에 퍼졌다.

몇 달 전 한 지방 은행에서 VIP팀장을 대상으로 '고객 성향별 효과적 상담 전략'이란 주제로 강의한 적이 있다. 자신과 타인의 행동 유형을 이해하고 이를 고객 상담에 적극 활용하는 방법을 강의해 달라는 부탁을 받았다. 의도를 모르는 바는 아니지만 나는 이렇게 개개인을 유형화, 범주화시키는 데는 부정적인 편이다. 예를 들어 '주도형 고객'은 빠르게 결과를 얻고 싶어 하고 일의 결과에만 초점을 맞추기 때문에 상대의 위신을 치켜세워 주면서 사실을 간결하고 논리적으로 제시해야 한다고 나는 강조해야 한다. 그러나 우리가 만나는 고객 개개인은 모두가 천차만별이며, 설령 주도형 고객이라고 해도 주도적인 면이 다른 유형보다 조금 더 강할 뿐이다.

따라서 어떤 사람의 성격이나 행동 유형을 판단하기 위해서는 그 사람을 여러 차례 다른 상황, 다른 시점에서 만나봐야 한다. 그러는 동안에 그 사람에게서 일관적으로 나타나는 측면을 살펴봄으로써 비로소 다른 사람과 구분되는 특징들을 파악해 낼 수 있게 된다. 그럼에도 불구하고 우리들은 DISC와 같은 성격 유형이나 범주화된 정보들에 초점을 맞추어 신속하게 그 사람을 판단하려고 노력한다. 그날 은행 팀장들을 대상으로 한 내 강의 주제도 사람들의 지능이나 적성, 성격 유형, 가치관을 몇 개의 표준화된 그룹으로 분류하여 고객의 행동 유형별로 상담과 설득의 초점을 맞춤화하자는 취지였을 것이다. 그러나 이런 방법을 통하여 어떤 사람에 대해 서둘러 내리는 결론은 틀릴 가능성이 매우 높다. 범주화는 세상의 변화와 사람의 성격 등을 정확하게 반영하기보다는 임의로 경계선을 만들어놓고, 그 경계선을 기준으로 사람들을 하나의 범주 안에 우겨넣어야 하는 것이기 때문이다.

특히 사석에서 여럿이 대화를 하다 보면 한 사람에 대한 한두 가지 단서를 가지고 제멋대로 그 사람 전체를 판단해 버리는 사람들을 종종 볼 수 있다.

"그 사람 직업군인 출신이라서 그래.", "저 사람은 A형이라서 너무 소심해.", "한마디로 푼수 같은 애야."라는 말로 자신이 미리 짜놓은 특정한 틀에 끼워 맞춰서 이해하려고 한다. 우리는 본능적으로 '잘 모른다'고 말하려들지 않는다. 그렇다고 잘 모르는 것을 유심히 관찰하거나 찾아보지도 않는다. 번거롭고 귀찮기 때문이다.

## 명사의 낙인 효과

우리는 일상생활에서 거의 자동적으로 유형화하고 범주화하여 판단하며 살아간다. 타인을 이해하거나 세상을 지각하는 가장 빠르고 근본적인 방법이기 때문이다. 우리는 타인의 언어, 억양, 옷차림, 출신 지역, 행동 등을 보고 그 사람을 범주화하고, 같은 범주에 속한 사람들은 유사한 특성을 공유하고 있는 것으로 간주한다. 예를 들어 요즘 나이 들고 고집 센 상사를 직원들은 '꼰대'라고 지칭한다. "자기 생각을 끝까지 고집하고 권위적이며 후배를 존중하지 않는다."는 것이다. 물론 이런 것들이 꼰대의 특성인 것은 맞다. 그런데 "우리 부장은 꼰대야."라고 명사를 써서 한마디로 단정 짓는 것과 "자기 생각만을 고집하며 남의 말에 귀 기울이지 않는 사람이다."처럼 사람을 있는 그대로 묘사하는 것은 듣는 사람 입장에서는 그 느낌이 상당히 다르게 전달된다. 특히 전자는 '꼰대'라는 명사를 사용했기 때문에 후자보다 훨씬 그 느낌이 강렬하다. 당사자 입장에서 본다면 가히 언어 폭력이다.

이처럼 명사를 사용하면 같은 의미의 동사나 형용사보다 표현이 더 강해지고 사람들을 더 단정적으로 규정하는 효과가 생긴다. 그래서 범주화된 명사 정보는 일종의 '심리적 도장 찍기' 효과를 지니게 된다. 심리학자들은 이를 '명사의 낙인 효과'라는 말을 빌려 설명하고 있다.

'낙인 효과(stigma effect)'란 범죄학·사회학·심리학 분야에서 쓰이는 용어로, 범죄 전과 등의 좋지 않은 과거 경력이 현재의 인물 평가에 영향을 미쳐서 한번 나쁜 사람으로 낙인찍히면, 그 사람은 그 후에는 의식적·무의식적으로 그렇게 행동하게 됨을 이르는 말이다. 즉, 타인에 의해 범죄자로 낙인찍힌 자는 결국 범죄를 저지르게 되고, 타인에 의해 바보로 낙인찍힌 자는 바보가 될 수 있다는 얘기이다. 우리 주변에는 '된장녀', '지하철 ××녀', '한남충', '블랙 컨슈머' 등 수많은 범주화된 명사가 있다. 이런 단어들은 대부분 단정적으로 규정하는 명사의 낙인 효과를 초래한다.

그럼 서두의 [문제]를 풀어보자. A와 B는 의미상으로는 완벽히 같다. 그럼에도 불구하고 그 느낌이 첫 번째보다 두 번째 문장에서 조금 더 강하고 뭔가 단정적이라는 느낌이 들 것이다. 살인자라는 범주화된 명사가 더 강한 심리적 효과를 갖기 때문이다. '영철이가 사람을 죽였다'라는 표현을 들으면 '영철이가 왜 사람을 죽였을까?', '도대체 영철이에게 무슨 일이 생긴 걸까?' 하면서 이유를 궁금해한다. 반면에 '영철이는 살인자래'라는 표현을 들으면 "영철이는 아주 나쁜 놈이구나."

라는 식으로 단정적인 결론을 내려버린다.

　이런 오해가 생길 수 있음에도 불구하고 사람들은 왜 개개인을 분류하고 범주화하는 것을 좋아할까? 그것은 의사소통의 속도와 효율성 때문이다. 범주화하지 못하면 우리는 그 대상들을 일일이 묘사해야 한다. 그러나 어떤 대상을 '꼰대'나 '블랙 컨슈머'처럼 하나의 범주로 판단하는 순간 그 대상의 여러 가지 속성들을 예측하고 판단하는 것이 매우 빨라지며, 따라서 신속하게 대응할 수 있다.

　하지만 이러한 범주화의 함정은 앞서 살펴본 것처럼 다양성을 무시하는 위험성을 갖게 된다. '영철이는 살인자래'라는 표현처럼 명사는 형용사나 동사에 비해 심리적 효과가 강하기 때문에 그 사람을 빠르게 판단하고 순식간에 나쁜 이미지를 덮어씌운다. 더욱 중요한 것은, 이러한 범주에 기초해 판단하는 데 익숙해지다 보니 그러지 말아야 할 경우에도 억지스러운 범주화가 사용되어 사람을 속단하는 일이 발생한다. 고객 행동 유형이나 특징, 혈액형, 출신 학교, 출신 지역 등 다양한 범주 정보들이 대상의 실제 본질을 간과하게 만드는 것이다.

　그럼 이러한 문제를 해결하려면 어떻게 해야 할까? '저 사람은 어떤 사람이다'라고 단정 짓는 것이 아니라 '저 사람은 어떤 행동을 하는 사람이다'라고 표현해 보아야 한다. 어떤 사람을 만나면 명사로 표현된 범주화나 고정관념에 휘둘리지 말고, 최대한 그 사람을 동사나 형용사 정보를 활용하여 있는 그대로 묘사하는 것이다. 아울러 다른 사람을 판단하는 데 '시간이 충분하다'고 생각하고 여유 있는 마음을 가져야 한다.

## 여유로운 마음으로 판단하라

두 사람에게 똑같은 인사 관련 서류를 검토해 달라고 요청했다.

꽤 두툼한 서류를 주면서 A에게는 "30분이라는 충분한 시간이 있으니 이 사람의 서류를 면밀하게 검토해 주세요."라고 이야기한다. 그런데 B에게는 "30분밖에 시간이 없습니다. 그러니 이 사람의 서류를 면밀하게 검토해 주세요."라고 말한다. A와 B 모두에게 30분이라고 말했지만 A에게는 '충분한 시간'이라고 했고, B에게는 '30분밖에 안 되는 시간'이라고 표현한 것이 차이점이다. 실험 결과, 30분이 '충분한 시간'이라고 생각한 A는 숫자나 구체적인 정보보다는 그 사람의 서류에서 뭔가 질적인 정보, 즉 '활발하고 진취적이다', '내성적이지만 자기 주관이 뚜렷하다' 등 그 사람만의 특징이 무엇인가를 찾으려고 노력했다. 동사적인 정보에 초점을 맞춘 것이다. 반면에 '30분밖에 없다'라고 생각한 B는 그 사람의 서류에서 빠른 판단을 내리는 데 유리한 정보, 즉 지원자의 학점, 영어 점수, 출신 학교, 자격증, IQ 등 명사화되고 숫자화된 정보를 열심히 찾았다. 인사 평가에서 여러 항목을 모두 고려하지 않고 수치로 쉽게 구분이 가능한 영업 실적이 뛰어난 사람을 승진시키는 것도 이런 현상의 하나에 해당된다. 우선 마음이 급하기 때문이다. 미국 펜실베이니아 주립대학의 카렌 개스퍼(Karen Gasper) 교수는 다양한 심리 실험을 통해 마음의 여유가 없는 사람은 '시야가 좁아지는' 경향이 있다고 설파했다. 그 때문에 빤히 보이는 상황조차 눈에 들어오지 않는 경우가 생긴다는 것이다. 예를 들어 고객사에 찾아가 미팅을 할 때 시간에 쫓기거나 긴장하면 차를 건네주는 비서의 얼굴이 전혀 눈에 들어오지 않는다. 하지만 마음에 여유가 있는 사람은 사무실에 걸린 그림이나 상패 같은 것도 관찰하고, 차를 내오는 사람에게 말도 건넨다.

우리는 잘 모르는 사람을 억지로 어떤 단어나 틀에 끼워서는 안 된다. 차라리 잘 모른다고 말하는 편이 낫다. 고객 상담이나 직원 면접 시에도 주어진 시간 내에 빠르게 판단해야 한다는 압박감을 갖기보다는 이 정도 시간이면 충분하다고 생각하고 여유 있는 마음가짐으로 지원자나 고객을 관찰해야 더 정확하고 지혜로운 결론을 낼 수 있다.

고수의 설득법

# 화끈하게 사과하라

### 진정한 사과의 5가지 비결

[문제] 결혼 3개월째인 신혼의 박 대리는 오늘 아내의 생일을 축하하기 위해 저녁 6시 30분에 근사한 레스토랑에서 만나기로 했다. 그런데 중요한 거래처와 상담을 끝내고 나니 벌써 7시가 다 되어가고 있었다. 급히 서두르느라 택시를 타고 나서야 휴대폰을 사무실에 두고 온 사실을 알았다. 차까지 막히는 바람에 7시 40분에야 식당에 도착했다. 아내는 화가 많이 나 있었다. 다음 사과 내용 가운데 적절하지 않은 것을 모두 고른다면?

**A** "여보, 많이 기다렸지? 정말 미안해. 하지만 거래처와 상담이 길어졌어."

**B** "어쩔 수 없었어. 가는 날이 장날이라고
오늘따라 왜 이렇게 차가 많이 막히냐?"

**C** "당신 화가 많이 났다면 내가 진심으로 사과할게."

**D** "오늘 저녁은 제일 맛있는 것으로 살게. 이제 화 풀어."

우리는 사람인지라 개인적인 실수로 사과하거나, 고객과의 관계에서 내 잘못이 아닌데도 회사를 대표하여 사과할 때가 있다. 특히 고객과의 관계에서 사과의 진정성은 회사의 이미지와 브랜드를 좌우하는 결정적 조건이 된다. 더구나 오늘날은 고객이 휴대폰과 소셜 미디어를 무기로 자신의 불만을 온 세상에 폭로할 수 있는 세상이 되었다.

미국의 샌드위치 가게인 서브웨이(Subway)의 대표 메뉴로 '풋롱(Footlong)'이라는 이름의 제품이 있다. '풋롱'은 발 길이 정도로 길다는 뜻으로 볼 수도 있고, 1피트(30.48cm) 길이를 의미하는 것으로 생각될 수도 있다. 한 고객이 줄자로 재어보았더니 실제 길이는 1피트에서 1인치(2.54cm) 부족한 11인치(27.94cm)였다. 소셜 미디어에 올라온 이 사진을 본 고객들의 항의가 빗발치자 회사는 "우리 매장의 인기 상품인 풋롱은 제품에 대한 설명적 명칭이지 길이의 측정 단위가 아님을 밝힙니다."라고 해명했다. 그러나 이 해명은 소비자들의 분노에 기름을 부었고, 결국 회사는 집단소송을 당했다. 최고 경영진은 머리 숙여 용서를 구하고, 서브웨이는 올바른 사이즈를 제공하기로 약속했다. 아울러 원고측 변호 비용 52만 달러를 부담하고 10명의 원고에게 500달러를 위로금으로 지급했다.

우리나라 소비자들도 까다롭다. 아파트 브랜드 '자이'의 광고 모델인 이영애 씨는 진짜 자이 아파트에 사느냐고 따진다. 'e편한 세상'의 채시라 씨도 실제 그곳에 사느냐고 소비자는 댓글에서 묻는다(이들은 그곳에 살지 않는다. 스타들은 집을 고를 때 사생활 보호 때문에 아파트보다 단독이나 빌라형 주택을 선호한다).

제품이나 서비스를 제공하다 보면 아무리 최선을 다해도 불량이 생기고 실수를 하게 마련이다. 그런데 다행스러운 것은 우리 상품의 단점이나 약점을 가장 먼저 알아채는 사람은 우리 자신이라는 점이다. 그렇다면 가장 확실한 전략이 하나 있다. 소비자에게 들통나기 전에 회사가 먼저 단점이나 불량을 당당하게 '까발리는' 것이다. 이른바 '커밍아웃(coming out) 전략'이다. 우리는 누군가가 자신의 약점을 먼저 인정해버리면 더 이상 비난하지 않을 뿐 아니라 오히려 신뢰감을 갖게 된다. 암스테르담에 있는 한스 브링커 호스텔(Hans Brinker Hostel)이 대표적 사례가 될 것이다. 이 호스텔은 자신의 단점을 당당하게 커밍아웃한 후 명소가 되었다. 이 호스텔은 말 그대로 '싸구려 호스텔'로, 객실에 TV는 물론 거울과 화장대도 없다. '친환경'을 위해 난방 시설과 엘리베이터를 만들지 않았다고 뻔뻔하게 주장한다. 자칭 '세계 최악의 호스텔'이라는 광고에는 입구에 개똥이 있을 수 있으며, 객실 문이 잘 안 잠기니 조심하라는 식으로 단점을 나열하고 있다. 호스텔의 이러한 당당함은 고객들을 통해 널리 퍼져나가서 전 세계 배낭 여행객들이 꼭 머물고 싶어 하는 곳이 되었다. 열거된 단점은 '저렴한 가격'이라는 장점으로 바뀌었다. 무엇보다 재미있는 점은 투숙객의 불평, 불만이 싹 사라졌다고 한다. 이미 최악의 서비스를 각오하고 투숙했기 때문이다.

"어린이는 일주일에 한 번만 맥도날드에 오세요." 패스트푸드가 소아비만의 원인임을 알고 있는 맥도날드 프랑스 지사는 이렇게 광고했다. 이는 단기적으로는 매출을 떨어뜨리겠지만 장기적으로는 기업의 수익과 이미지를 높여주는 효과가 있다. "맥도날드는 단순히 햄버거만 많이 팔려는 회사가 아닙니다. 판매량은 줄어도 좋답니다. 맥도날드는 어린이 고객의 건강을 항상 염려하고 있는 정직한 회사입니다."라는 말을 이 광고가 대신하고 있는 셈이다. 이와 같은 커밍아웃을 '결점 마케팅(flawsome marketing)'이라 부르기도 한다. 모든 제품은 결점이 있게 마련이므로 그것을 솔직하게 노출하면 오히려 장점으로 작용하며 효과적인 설득이 가능해진다.

어른들은 자녀들에게 '거짓말하지 마라'라고 가르친다. 거짓말은 문제를 해결하기보다 더 많은 문제를 불러일으킬 뿐이다. 가정뿐만 아니라 회사도 그렇다. 회사의 진짜 위기는 제품 자체의 결함보다도 오히려 축소하거나 감추려고 했던 거짓이 들통나는 순간이다. 정직보다 거짓이 훨씬 더 위험하다. 도미노피자는 위험을 무릅쓰고 차라리 '자폭 전략'을 선택하여 위기를 극복했다.

직원 두 명이 주방에서 장난치고 있는 장면을 한 직원이 촬영해서 인터넷에 올렸다. 직원들은 서로를 향해 도우를 던지거나 피자 위에 더러운 행주를 올려놓고 낄낄거렸다. 이 영상은 순식간에 조회 수가 100

만을 넘어섰고, 격분한 고객들은 도미노피자의 위생 상태와 식품 안전 의식을 맹비난하기 시작했다. 이때 도미노피자는 자폭 전략을 선택했다. 전 세계에서 가장 주목받는 광고매체 중 하나인 뉴욕 타임스퀘어 전광판을 빌렸다. 그리고 어떠한 사과나 설명, 홍보도 하지 않고 그저 도미노피자를 비판하는 고객의 리뷰와 코멘트를 실시간으로 띄웠다. '도미노 성토 생중계'에 대한 고객들의 첫 반응은 대부분 '지금 뭐 하는 거야?'였다.

그런데 시간이 흐르면서 사람들은 도미노피자의 문제보다 재미있고 기발한 글에 더 관심을 보였다. 대중의 시선이 '누가 올린 글이 더 재미있는가?'로 바뀐 것이다. 소비자들은 도미노피자가 자발적으로 치부를 드러낼 정도로 고객의 목소리를 진실로 수용하고 문제의 심각성을 잘 알고 있다고 생각하기 시작했다. 언론도 이러한 '자폭 전략'을 연이어 보도했다. 도미노피자는 이를 전화위복의 기회로 삼았고, 오히려 이전보다 주목도가 더 높아져 판매량이 크게 늘어나고 주가도 40% 이상 상승했다. 고객들은 도미노 피자의 진정성을 인정한 것이다.

## 사과는 진정성 있게

"죄송합니다.", "제가 잘못했습니다."라는 말 한마디의 위력은 우리의 상상을 초월한다. 사과는 무능함의 표현이 아니라 자신의 잘못을 인정하고 개선하겠다는 책임감을 나타내는 말이다. 그런데도 사람들은 이 말을 하는 데 매우 인색하다.

미국의 행동경제학자 댄 애리얼리(Dan Ariely) 듀크대 교수는 실험을 통해 '죄송합니다(I'm sorry)'라는 한마디의 효과를 증명해 보였다. 커피숍 고객들에게 간단한 설문 조사에 참여하면 5달러의 사례금을 지급하겠다고 말한 후 실험자가 실수를 가장하여 몇 달러씩 더 지급하는 설정이었다. A집단은 보통의 분위기로 조사가 진행되었고, B집단에서는 실험자가 설명 도중에 사적인 전화를 받으면서 시간을 끄는 무례한 행동을 보였다. 고객들은 어떻게 반응했을까? A집단에서는 참여자들 중 45%가 초과된 사례금을 되돌려준 데 비해 B집단에서는 14%에 불과했다. 실험자의 통화 시간은 단 12초였지만 불쾌감을 느낀 참여자들이 어떤 식으로든 대가를 치르기를 바라는 '보복 욕구'를 갖게 된 것이다. 또 다른 C집단에서는 B집단과 같은 상황에서 사례금을 지급하며 "아까 전화를 받지 말았어야 했는데, 죄송합니다."라고 말했다. 그러자 초과된 사례금을 돌려준 비율이 45%에 달했다. '죄송합니다'라는 한 마디의 사과가 무례한 태도를 경험하지 않았던 사람들과 똑같은 행동을 이끌어낸 것이다. 이 실험을 바탕으로 애리얼리 교수는 '1(분노)+1(사과)=0(분노)'이라는 공식을 만들기도 했다. 한 번의 분노를 한 마디 사과가 상쇄한다는 것이다.

"내가 잘못했습니다. 정말 죄송합니다."라고 잘못을 시인하고 사과하는 사람은 존경스러워 보인다. 그러나 우리는 자신의 잘못을 사과하고 책임을 인정하는 말을 하는 데 대체로 인색하다. "어쩔 수 없었어." 또는 "따지고 보면 그 사람도 문제가 있어."라고 책임을 떠넘기기도 한다.

의사소통과 관련된 자신의 실수를 옹호하거나, 무관심을 배려라고 변명하는 사람이 내 주변에도 있다. 예를 들어 오랫동안 연락하지 못한 것을 이렇게 재구성하여 합리화한다. "교수님 일을 방해할까 봐 찾아뵙지 못했습니다."라고 말하는 제자나 후배는 정말 얄밉다. 사실은 그간 내게 아무런 관심이 없었던 것인지 모른다. 우리에게는 이처럼 자신의 모든 행동을 정당화하는 놀라운 능력이 있다. 실수를 대하는 우리의 자세도 이중적일 때가 종종 있다. 내가 한 실수는 사과보다는 이유와 변명을 늘어놓고, 반면에 다른 사람들에게는 진정한 사과를 받지 못했다고 여긴다. 그래서 "지금 그걸 나한테 사과랍시고 하는 거야."라는 말을 하게 된다. 그럼 상대가 원하는 '진정한 사과'에는 어떤 내용이 담겨 있어야 할지를 생각해 보기로 하자.

## 진정한 사과를 가능하게 하는 5가지 방법

첫째, 진정한 사과에는 접속사를 붙이지 않는다. 앞이든 뒤든 사족을 붙이지 말아야 한다는 의미이다. 친구가 약속 시간에 한 시간이나 늦었다. 이렇게 말한다. "미안해. 하지만 퇴근길이라 너무 차가 막혀서 어쩔 수 없었어." 이건 진짜 사과가 아니다. 퇴근 시간엔 당연히 차가 막힌다. '하지만'이라는 접속사 때문에 변명으로 느껴지며 사과의 의미가 퇴색되는 것이다.

둘째, 진정한 사과에는 가정법이 필요 없다. "미안합니다. 제가 신중하지 못했습니다.", "전적으로 제가 잘못했습니다."라고 쿨하게 말해야 한다. "기분 나쁘게 들었다면 미안해."라는 말은 "(별일도 아닌데, 속 좁은) 당신이 기분 나빴다면 (마음 넓은 내가) 사과할게."로 해석될 수 도 있다. 기업들의 사과문을 읽다 보면 '소비자들께 불편을 끼쳐드렸다면 사과드립니다.' 같은 표현이 들어 있다. '소비자들께 불편을 끼쳐드렸다면'이라는 말을 빼야 진정성이 더해진다.

셋째, 상대의 감정에 충분히 공감한다. 딸애와 주말에 놀이공원에 가기로 약속했는데 회사 일 때문에 못 가게 됐다면 "아빠가 약속을 못 지켜 미안해."로는 부족하다. "아빠가 약속을 지키지 못해 많이 실망했지? 미안하다. 다음 주에 꼭 가자."라고 딸애의 마음을 읽어줘야 한다.

넷째, 재발 방지를 위한 대책을 제시하여야 한다. 상대가 화가 났을 때 그의 심장에는 두 가지 불꽃이 타오른다. 하나는 실수 그 자체에 대한 불만이고, 또 하나는 앞으로도 같은 일이 또 일어날지 모른다는 불안감이다. "다시는 이런 일이 생기지 않도록 하겠습니다.", "앞으로 이렇게 개선하도록 하겠습니다."라는 재발 방지 대책이 들어간 사과라야 상대방의 화를 가라앉힐 수 있다.

다섯째, 손실을 입혔다면 보상 의지를 밝혀야 한다. "잃어버린 노트북은 제가 다시 사드리겠습니다.", "두 번이나 오시게 해서 택시비라도 드리고 싶습니다."라고 해야 진정한 사과다. 설렁탕에서 머리카락이 나왔다면 식당 주인은 '죄송합니다'라는 말만 해서는 안 된다. "오늘 식사 값은 안 받겠습니다."라는 말을 할 수 있어야 한다. 미국의 유명한 쿠키 체인인 미세즈 필즈의 사장 데비 필즈가 햄프턴 인 호텔에서 체크아웃하면서 호텔 객실에 처음 들어갔을 때 비누와 수건이 없었다고 말하자 프런트 데스크 직원이 그 자리에서 청구서를 찢어 버리면서 숙박 요금이 무료라고 말했다. 이에 감명받은 데비 필즈는 햄프턴 인을 회사 지정 호텔로 정했다.

그럼 서두 [문제]의 정답을 차근차근 풀어보도록 하자. A는 '하지만'이라는 접속사가 문제이다. C의 '당신 화났다면'이란 가정법도 곤란하다. 전화 연락도 안 되었는데 30분이나 기다린 아내의 감정에 대한 공감도 빠졌다. D의 식당에서 맛있는 것을 사주는 정도의 보상도 좀 약해 보인다. B도 구구절절 변명에 불과하다. 퇴근 시간에 당연히 차는 막힌다. 그래서 A, B, C, D 모두 적절하지 않다(정답을 맞힌 분이 많지 않을 것이다).

최근에 고객께 보낸 사과 문구나 친구나 아내(남편)에게 한 말을 떠올려보자. 진정성 있는 사과였는지를 이 기준에 맞추어 스스로 판단해 볼 수 있을 것이다.

# 말로만 축하하지 마라

### 선물의 심리학

**[문제 1]** L건설의 김 차장은 아내에게 줄 선물을 준비하고 있다. 다음 중 아내를 더 기쁘게 할 수 있는 방법은 무엇일까?

**A** 결혼기념일에는 목걸이를, 아내의 생일에는 반지를 선물한다.

**B** 결혼기념일에 목걸이와 반지를 모두 선물한다.

**[문제 2]** 보험 회사의 박 과장은 백화점에서 VIP 고객에게 줄 선물을 고르고 있다. 다음 중 어느 선물이 더 효과적일까?

**A** 5만 원 상당의 고급 브랜드 립스틱

**B** 10만 원 상당의 중저가 브랜드 화장품 세트

[문제 3] D정밀의 정 사장은 올해 매출 목표를 달성한 직원들을 격려하기 위해 1인당 약 30만 원 정도의 인센티브를 지급하기로 했다. 다음 중 어떤 방법이 직원 만족도를 높이는 데 더 효과적일까?

**A** 1인당 30만 원을 통장에 입금시킨다.
**B** 30만 원 상당의 특급 호텔 가족 식사권을 준다.

요즘은 페이스북이나 카카오톡에 지인의 생일을 알려주는 메시지가 날마다 뜨는 까닭에 축하 메시지를 받는 일이 많아졌다. 나 역시 실제 생일은 아니지만(실제 생일은 음력이다) 해마다 카톡 등을 통해 꽃이나 케이크가 그려진 축하 메시지를 받곤 한다. 축하 메시지를 받을 때 친한 지인들에게 농담 삼아 "커피나 생일 케이크 같은 모바일 상품권이라도 함께 보내면서 축하해야 하는 거 아닙니까?"라고 답신하곤 한다. 말로만 축하하기보다는 꽃 한 송이라도 함께 줘야 진짜 축하라고 생각하기 때문이다.

축하(祝賀)라는 한자어는 빌 축(祝), 축하할 하(賀)로 구성되어 있다. 축(祝)은 신전에서 기도하는 모습을 나타내고, 하(賀)는 돈을 뜻하

는 조개 패(貝)에 더할 가(加)로 구성되어 있다. 돈을 더한다는 말이다. 따라서 돈이 들어가지 않는 축하는 축(祝)은 되지만 하(賀)는 되지 못한다. 축하란 한자를 뜯어보면 축하를 하는 데도 돈이 들어가야 더 상대를 기쁘게 할 수 있다. 한마디로 선물이 있어야 진정성 있는 축하가 된다는 말이다.《한근태의 재정의 사전》에 나오는 얘기다.

## 목숨도 살리는 선물의 힘

사실 선물을 좋아하지 않는 사람은 없다. 이런 농담이 있을 정도다. 남자들이 제일 좋아하는 물은? '뇌물'이란다. 물론 들키지 않아야 한다. 그렇다면 여자들이 좋아하는 물은? '선물'이다. 남자나 여자나 선물 잘하는 사람은 평판이 좋고 인기가 높다. 사람들은 왜 선물을 주고받을까? 선물에는 '당신을 존경합니다', '당신을 사랑합니다' 같은 메시지가 함께 전달되기 때문이다. 그래서 인간관계를 돈독히 해준다. 이에 관해서는《왜 사랑에 빠지면 착해지는가》의 저자인 덴마크의 과학 저술가 토르 뇌레트라네르스(Tor Nørretranders)가 제기한 흥미로운 이론이 있다. 그는 똑같은 물건이라도 그것이 선물일 때와 상품일 때 큰 차이가 난다는 사실에 주목했다.

물건을 사고파는 일은 판 사람이든 산 사람이든 두 사람이 거래를 하는 순간에 서로 볼일을 다 본 셈이므로 그것으로 끝이다. 그러나 연인들 사이에 선물이 오가면 그들 사이에 남는 것이 있다. 선물은 '관계를 맺고 싶다'라는 값비싼 신호이기 때문이다. 연인들이 사랑에 빠진

'초기'에 그토록 선물에 신경을 쓰는 이유도 바로 여기에 있다.

선물은 두 사람 사이에 교환의 성격을 띠고 있다. 단순한 교환과 다른 점은 시간 간격을 두고 하는 행위라는 점이다. 그래서 얼핏 보면 베풂의 성격을 담고 있다. 이렇게 보면 선물을 주고받는 행위는 한마디로 '비연속적 베풂의 행위'라고 할 수 있다. 그래서 어느 나라든 받은 선물에 대해 곧바로 답례하는 것은 '받은 선물을 거절하는 것과 다름없는 결례'라고 여기는 문화가 있다. 답례를 해야 하지만 그 자리에서 교환하는 것이 아니라 시간 간격을 두고 비연속적으로 교환하는데, 그 시간 차이가 관계를 형성한다는 얘기다. 선물을 받자마자 그 자리에서 답례하면 '당신과 관계를 맺고 싶지 않아요.'라는 뜻이 된다. 교환이 되어버리기 때문이다. 내가 다른 사람의 생일에 선물했다면 나는 그 답례를 내 생일 때 받게 된다. 그때까지 둘 사이는 관계라는 끈으로 연결된다. 선물은 관계를 형성한다.

심지어 선물이 목숨을 살린 사례도 있다. 1차 세계대전 중에 있었던 일이다. 한 독일군 병사가 적군을 생포해 와서 적진의 중요 정보를 파악하는 임무를 맡고 있었다. 어느 날 적진의 참호를 습격해 홀로 참호를 지키고 있던 적군 초병을 생포했다. 이 초병은 참호에서 혼자 빵을 먹고 있다가 무방비 상태에서 습격을 받은 것이다. 그런데 갑자기 생포된 이 초병은 자신의 손에 있던 먹다 남은 빵을 독일군에게 불쑥 떼어주었다. 예상치 못한 행동에 놀란 독일군은 자신도 모르게 빵을 받아먹게 되었다. 빵을 받아먹고 나니 독일군은 갑자기 고마운 생각이 들었다. 그래서 독일군 병사는 적군 초병을 그냥 돌려보냈다. 작은 선물이 독일군 병사에게 그 어떤 말보다 더 큰 마음의 울림으로 다가갔을 것이다. 이것이 인간이 가진 원천적인 심성이다.

## 선물의 4가지 기술

'김영란법'의 시행으로 선물에 대한 사람들의 인식이 많이 조심스러워졌다. 그러나 선물은 그 어떤 대화법보다 상대의 호감을 얻을 수 있는 강력한 수단이다. 따라서 다른 커뮤니케이션 기술과 마찬가지로 이해와 기술이 필요하다. 큰돈을 쓴다고 상대가 그만큼 더 좋아하는 것도 아니다. 또한 우리는 한정된 돈을 효율적으로 지출할 수밖에 없다. 그럼 도대체 어떻게 선물을 해야 같은 비용으로 상대방을 더 기쁘게 할 수 있을까?

첫째, '소유'보다 '경험'을 선물해야 한다.

만약 정 사장이 직원들에게 [문제 3]과 같은 질문을 한다면 대부분 현금 30만 원을 선택할 것이다. 사람들은 현금의 유용성을 잘 알고 있다. 30만 원을 현금으로 받으면 원하는 것을 뭐든 살 수 있으나 호텔 식사권을 받게 된다면 저녁 외식 정도로 제약을 받게 된다. 그러나 심리학적 관점에서 따져보면 그렇게 간단한 문제가 아니다. 실제로 [문제 3]과 같은 내용으로 실험을 진행한 결과 다른 선택의 기회 없이 30만 원짜리 최고급 호텔 식사권을 받은 직원이 그냥 현금 30만 원을 받은 직원보다 기쁨의 정도가 훨씬 높았다. 최고급 식당에서 식사를 해본 경

고수의 설득법

험이 거의 없는 직원들은 평생의 특별한 경험을 할 수 있도록 해준 사장에게 매우 고마워했다. 현금 30만 원을 받은 직원들은 그 돈을 어디에 썼는지 기억조차 묘연했다. 선물에는 비효율성을 상쇄하고 남을 정서적 가치가 들어 있다.

경제학자들은 사람들이 구매하는 물건의 특징에 따라 시장에서 파는 물건을 분류한다. 자동차와 햄버거와 마사지를 다른 부류로 구분한다. 하지만 심리학자들은 사는 사람의 의도에 따라 물건을 분류한다. 따라서 '소유할 수 있고 만질 수 있는 물건(물질적 소비)'과 '살면서 겪는 일련의 사건이나 경험(경험적 소비)'으로 구분한다. 미국 콜로라도대학의 리프 반 보벤(Leaf Van Boven)과 코넬대학의 토머스 길로비치(Thomas Gilovich)는 미국인과 캐나다인을 대상으로 한 조사에서 물질을 구매할 때보다 경험을 구매할 때 압도적으로 더 큰 만족을 얻었음을 밝혀냈다. 우리는 물질의 변화에는 빠르게 익숙해진다. 3달 전에 새 자동차를 샀을 때 처음에는 그렇게 기쁘더니, 이제는 그저 출퇴근에 이용하는 교통수단일 뿐이다. 그러나 캐나다 로키 여행 중 보았던 그림 같은 풍경은 우리의 마음에 오래오래 남아 있다.

둘째, 선물의 즐거움을 편집하라.

한번은 화장품 가게에서 물건을 사서 나오려는데 판매원이 나를 불러 세웠다. "참, 장 교수님! 출장을 많이 다니신다면서요?" 하며 샘플 몇 개를 쇼핑백에 담아 주었다. 별것 아닌 샘플이지만 화장품을 살 때 주는 것이 아니라 이렇게 특별 선물처럼 별도로 챙겨주면 나를 각별히 신경 써준다는 느낌을 받게 되므로 기쁨이 더 커진다. 아직도 그녀에 대한 고마운 마음이 선명하다. 모르긴 몰라도 그녀는 고객의 기억을 제대로 관리할 줄 아는 노련한 판매원일 것이다. 선물이나 서비스를 다른 사람이 오래 기억하도록 하려면 두 가지 측면에 집중해야 한다. 첫째는 유쾌한 기억을 극대화하는 것이고, 둘째는 불쾌한 기억을 최소화하는 것이다. '기쁨은 나누면 2배가 되고 슬픔은 나누면 반으로 줄어든다'는 말은 심리학적으로도 사실이다. 이를 심리학에서는 '쾌락적 편집(hedonic editing)'이라고 하는데, 고객의 기억이 즐겁도록 편집한다는 의미다.

5년 전 국내 모 자동차 세일즈맨에게서 자동차를 구입했다. 한번은 내비게이션이 고장 나서 수리를 부탁했더니 수리는 물론 선물로 블랙박스를 장착해 주어서 나를 감동시켰다. 감사 인사를 전하자 "원래 따로 선물할 계획이었습니다."라고 말했다. 그는 쾌락적 편집의 원리를 터득하고 있는 훌륭한 세일즈맨이다.

결혼기념일을 맞아 큰맘 먹고 아내에게 줄 목걸이와 반지를 샀다. 그런데 목걸이와 반지를 한꺼번에 선물하는 게 좋을까, 하나를 먼저 주고 다른 하나는 나중에 주는 게 좋을까? 정답은 결혼기념일에 목걸이를 주고, 아내 생일에 반지를 주는 것이다. 따라서 [문제 1]의 정답은 A이다. 많은 남성들은 선물을 가격으로 따져서 점수를 부여할 것이라고 믿는 반면, 여성은 모든 선물에 같은 점수를 부여한다는 점을 기억해야 한다. 특히 여성에겐 저렴해도 자주 선물을 해야 좋은 점수를 받을 수 있는 이유가 여기에 있다.

쾌락적 편집의 첫 번째 원칙은 상대에게 이익이 되는 경우는 '합하지 말고 나누라'이다. 나누면 기쁨과 만족도가 더 올라가기 때문이다. 가령 제품을 15% 할인할 경우 그냥 15% 할인이라고 하지 말고 회원고객 5% 할인, 주말고객 5% 할인, 휴가철 특별 할인 5%로 나누어서 말해야 고객이 더 만족하고 오래 기억한다. 앞서 화장품 판매원이 샘플을 따로 챙겨준 것처럼 말이다.

셋째, 브랜드가 정성을 나타낸다.

몇 년 전 외국에 다녀오면서 두 친구에게 줄 선물을 샀다. 그중 하나는 10만 원짜리 유명 브랜드 목도리였고, 다른 하나는 15만 원짜리 골프 티셔츠였다. 그런데 목도리를 받은 친구는 내가 자기를 위해 최고급 목도리를 사 왔다고 생각했다. 반면 티셔츠를 받은 친구는 목도리를 받은 친구만큼 내 선물을 좋아하지 않았다. 오히려 내가 인색하게 선물을 골랐다고 생각하는 것 같았다. 15만 원짜리 티셔츠는 골프 티셔츠치고는 그다지 비싼 것이 아니었고, 더구나 무명 브랜드였다.

왜 이런 결과가 나온 걸까? 선물을 주고받는 사람의 상황이 전혀 다르기 때문이다. 선물을 하는 사람은 백화점 등에서 선물을 고를 때 여러 가지 물건을 놓고 상대평가를 한다. 여러 가지 품목 중 하나를 고르는 아주 전형적인 상대평가 과정이다. 그러나 선물을 받는 사람은 전혀 다른 상황이라는 사실을 잊지 말아야 한다. 선물을 받는 사람은 당신이 선물한 그 한 가지만 보고 이 물건이 좋은지 나쁜지에 대해 절대

평가를 하게 된다. 선물을 사는 사람은 구매활동을 하고, 선물을 받는 사람은 소비활동을 하는 셈이다. 선물에서는 이처럼 구매와 소비의 주체가 뚜렷하게 구분된다. 그러나 선물에서 무엇보다 가장 중요한 것은 우리가 선물을 하는 목적이다. 선물은 상대방을 기쁘게 하기 위한 것이다. 그렇다면 절대평가 상황을 염두에 두고 선물을 선택해야 한다. 그래서 [문제 2]의 정답은 A이다. 중저가 브랜드로 인식된 (내가 더 비싸게 산) 화장품 세트보다는 (내가 싸게 샀더라도) 최고 브랜드의 립스틱에 상대는 더 호의적인 반응을 보일 것이다.

마지막으로, 깜짝 선물이 더 즐겁다.

제품이 배달될 때 상자 안에 별로 비싸지 않은 선물이 하나 더 있다면 누구나 행복해진다. 깜짝 선물은 꼭 거창하거나 비싸지 않아도 좋다. 제품이건 서비스건 선물이건 상대방과 고객의 마음에 '와' 하는 감탄사를 불러일으킬 정도면 된다. 단, 모르게 해야 한다. 상자 밖에 '안에 증정품 있음'이라고 미리 적어놓으면 놀라는 사람이 없다. 예상치 못한 '증정품'이 고객을 놀라게 하고 기쁘게 한다. 명절이나 생일이 아니면 더 좋을 것이다.

이처럼 고객을 기쁘게 하는 전략은 직원 만족 경영에서도 그대로 적용된다. 회사가 설 연휴 때 예정대로 지급하는 보너스 100만 원보다 30만 원짜리 해외여행 항공권 당첨이 더 기쁘다. 따라서 회사가 보너스를 지급할 때 직원들의 기쁨을 증대시키는 노하우 가운데 하나는 '당연히 줘야 할 때 주는 보너스 금액을 조금 떼어내서 어느 날 느닷없이 지급하는 것'이다. 예상 밖의 보너스가 더 기쁘기 때문이다.

선물은 또 다른 커뮤니케이션이다. 또한 경제적으로 효용성이 크다고 해서 심리적 만족도가 반드시 높은 것은 아니다. 상대방이나 고객을 더 기쁘게 만드는 선물의 기술을 적절히 활용해 보기 바란다.

# 좋은 질문이란 어떤 것일까?

### 좋은 질문, 나쁜 질문, 속상한 질문

**[문제]** 최 팀장은 새 프로젝트에 관해 팀원들과 이야기를 나눴다. 그런데 새 프로젝트를 주도해야 할 박 과장이 소극적인 태도를 보이는 게 몹시 마음에 걸린다. 박 과장을 다시 불러 이야기하고 싶은데, 첫 질문을 어떻게 하는 것이 좋을까?

**A** "왜 새 프로젝트를 두려워하나요?"

**B** "새 프로젝트를 하는 데 장애 요인은 무엇이라고 생각하나요?"

해마다 건강검진을 받고 있다. 그런데 최근 검진 때 평소 생활 습관이나 과거 병력을 묻는 문진표의 여러 항목 중에서 의아스러운 질문 하나를 발견했다. '하루에 커피를 몇 잔 마십니까?'라는 질문이었다. '하루에 4~5잔'에 체크를 하긴 했는데, 그날 이후엔 행여 건강에 해로울까 봐 2~3잔으로 줄이고 있다. 어느 정도의 커피를 마시면 건강에 해로운지는 알아보지도 않고 말이다. 나중에 검진 결과를 보니 위염이 있고 '커피, 술, 짠 음식 등 위에 자극을 줄 수 있는 식품은 줄이는 게 좋다'고 되어 있었다.

사람들은 '다음 주에 몇 번이나 치실로 양치질을 하겠는가'라는 질문을 받으면 치실을 보다 자주 사용하게 되고, '다음 주에 기름진 음식을 섭취할 의향이 있는가'라는 질문을 받으면 기름진 음식의 소비를 줄인다고 한다. 설문 조사는 피조사자의 행동을 알아보는 것이지 행동에 영향을 미치려는 것은 아니다. 그러나 사회과학자들은 사람들의 의도를 측정하는 동안에 자연스럽게 사람들의 행동에 영향을 미친다는 사실을 발견했고, 이를 '단순 측정 효과(mere-measurement effect)'라는 용어로 설명했다. 일종의 '넛지'인 셈이다. 넛지(nudge)는 '옆구리를 슬쩍 찌른다'라는 말로, 강요하지 않고 자연스러운 질문을 통해 부드럽게 더 좋은 선택을 하도록 돕는 것을 말한다. 세계적 베스트셀러 《넛지》의 저자이며 노벨 경제학상 수상자인 리처드 세일러(Richard Thaler)의 연구에 따르면 투표 전날에 투표할 의사가 있는지 물을 경우 투표율을 25퍼센트나 끌어올릴 수 있는 것으로 확인되었고, 향후 6개월 이내에 새 차를 구입할 의사가 있는지에 대한 간단한 질문만으로도 구매율을 35퍼센트 높일 수 있는 것으로 밝혀졌다.

이런 간단한 질문은 자연스럽게 좋은 선택을 돕는다는 의미에서 좋은 질문이다. 작은 질문의 효과는 일상생활에서도 나타난다. 인간의 뇌를 프로그램하는 가장 강력한 방법 중 하나는 질문이다. 특히 과거 그 어느 때보다 더 바쁘고 자극이 많은 현대 생활에서 상대가 내 말을 듣게 만드는 좋은 방법은 반복해서 질문하는 것이다.

미국의 심리학자 로버트 마우어(Robert Maurer) 교수는 뇌를 프로그램하는 가장 강력한 수단 중 하나는 '작은 질문을 반복하는 테크닉'이라고 설명한다. 그는《아주 작은 반복의 힘》이란 책에서 다음과 같은 실험 사례를 소개한다. "당신 친구 중 차가 있는 사람에게 '오늘 네 차 옆에 주차된 차 색깔이 뭐였어?'라고 물어보라. 친구는 이상한 질문이라 생각하겠지만 곧 모르겠다고 할 것이다. 다음 날에도 그 다음 날에도 계속해서 똑같은 질문을 반복해 보라. 나흘째나 닷새째가 되면 이제는 친구도 어쩔 수가 없다. 아침에 주차하면서 친구의 뇌는 실없이 반복되는 당신의 질문을 어쩔 수 없이 떠올리고는 잠깐이라도 차의 색깔을 기억해 둘 수밖에 없다. 우리 뇌의 한 부분인 해마는 뇌에서 기억을 담당하는 중요한 기관으로, 어떤 정보를 저장하고 다시 꺼내야 하는지를 결정하는 곳이다. 그런데 해마가 어떤 정보를 저장할 것이냐를 판단하는 기준은 반복이다. 질문이 반복되면 뇌는 어쩔 수가 없다. 거기에 집중하고 답변할 준비를 갖춘다."

한 주방기기 회사 사장님이 내게 이렇게 물은 적이 있다. "제가 '서비스 차별화가 곧 회사의 생존을 좌우한다'고 강조하곤 하는데, 실제로 직원들한테 제대로 먹히는 것 같지 않습니다. 어떤 방법이 좋을까요?"

나는 "두 가지를 실천해 보면 어떻겠습니까?"라고 제안했다. "하나는, 업무의 우선순위에 대해 CEO와 직원들의 생각이 같아지게 하려면 한 두 번 이야기해서는 안 됩니다. 지나치다고 생각될 때까지 반복해서 탁월한 서비스를 강조해야 합니다. 다른 하나는, CEO가 결재를 하거나 직원들과 회의할 때 어떤 질문을 반복하느냐가 중요합니다. 그 기업이 가장 중요하게 여기는 '가치관'이 CEO가 반복해서 하는 질문으로 나타나기 때문입니다."

회사라는 조직 안에서 CEO가 자주 하는 질문은 그 집단의 가치관을 나타낸다. CEO가 "매출은 얼마나 올랐는가?"라고 직원에게 자주 질문한다면 회사는 매출을 중시하는 쪽으로 움직인다. "고객은 얼마나 만족하는가?"라는 질문을 반복한다면 탁월한 서비스를 지향하는 회사로 바뀌게 될 것이다. 기업 문화를 바꾸고 싶다면 CEO의 질문을 바꾸는 것이 가장 효과적인 방법이다. 질문은 명령보다 훨씬 생산적이어서 아이디어와 해결책을 만들어내는 데 훨씬 유용하다. 만일 앞의 실험에서 "오늘 네 차 옆에 주차된 차 색깔이 뭐였어?"라는 '질문'이 아니라 "네 차 옆에 주차한 차의 색깔이 뭐였지? 대답해!"라고 되풀이해서 고압적으로 명령했다면 어땠을까? 친구는 "왜 내가 그런 걸 기억해야 하는 건데!"라고 반발하면서 질문에 대답하기는커녕 관계가 아주 나빠졌을 것이다.

## 좋은 질문 vs 나쁜 질문 vs 속상한 질문

그럼 좋은 질문이란 무엇일까?《일생에 한번은 고수를 만나라》등의 베스트셀러 저자이자 내가 존경하는 지인인 한근태 소장은 항상 먼저 묻고 나서 나중에 설명을 한다. 어느 날 점심을 먹으면서 "장 교수, 해외 출장을 갔다면 보고서는 언제 써야 좋습니까?"라고 내게 물었다. "생생한 기억이 남아 있을 때여야 하니까 출장 다녀온 직후가 좋지 않습니까?"라고 대답했다. "해외 출장 보고서는 출장 전에 써야 좋습니다. 출장 가서 보고 들은 것을 조사하는 것이 아니라, 출장 가기 전에 모든 자료 조사를 끝내고 현지에 가서 조사 내용을 확인하는 겁니다."라고 말하는 것이었다. 이 깨달음으로 난 그날 이후 기업의 컨설팅이나 품질인증 관련 심사를 나갈 때는 꼭 미리 보고서를 작성한다. 이 사례처럼 질문받은 사람에게 새로운 깨달음을 준다면 좋은 질문이다. 그런데 나는 학생 때나 직장에 다닐 때 질문 방법에 대해 배워본 적이 없다. 이 책의 독자들도 마찬가지일 것이다.

직장을 그만둘 수도 없고 아이를 봐줄 사람도 없어서 평생 아이를 갖지 않겠다는 한 대학원생에게 이렇게 질문한 적이 있다. "30년 후쯤에는 지금의 결정을 어떻게 생각할까요?" 수지 웰치(Suzy Welch) 여사의 책 《10-10-10, 인생이 달라지는 선택의 법칙》에 소개된 내용이 생각나서 던진 질문이었다. '10-10-10의 법칙'이란 어떤 선택을 할 경우 10분 후, 10개월 후, 10년 후에 그 결과가 내 삶에 미치는 영향을 생각해 보는 것이다. 우리는 늘 현재 시점에서만 고민하고 결정하는 경향이 있기 때문이다. 대학원생이 미래 시점에서 지금의 선택을 바라보도록 깨닫게 했다면 역시 좋은 질문이다. 좋은 질문은 이처럼 생각을 자극한다. 좋은 질문은 상대로 하여금 자신의 문제를 생각하게 하고, 본인 스스로 현명한 답을 찾게 해준다.

상대가 즐겁게 대답하고 싶어 하는 가벼운 질문도 좋은 질문이 될 수 있다. 남녀 관계건 비즈니스건 첫 만남에서 자연스럽게 대화를 트는 것은 쉬운 일이 아니다. 그럴 땐 "고향이 어디세요?" 같은 가벼운 질문으로 시작해야 한다. 거래처 사장님에게 "지금의 사업을 성공시키신 비결은 뭔가요?"도 상대가 대답하고 싶어 하는 질문이다. 많은 사람에게 통하는 '가벼운 질문' 중 하나는 성공 스토리를 물어보는 것이다. 원래 인간에게는 본인이 과거에 이룬 성과나 체험을 다른 사람에게 이야기해 주고 싶어 하는 욕구가 있기 때문이다. "언제부터 이 일을 하시게 되었나요?", "교사로 근무한 경험은 은행에서도 도움이 되나요?"와 같은 '가벼운 질문'은 상대가 대답하기도 쉽고, 즐겁게 이야기할 수 있는 소재다. 얼마 전 한 세미나에서 처음 만난 분이 내게 이렇게 물었다. "어떻게 서비스 전문가가 되셨어요?" 그 질문 덕택에 10분 넘도록 신나게 이야기했고, 우리는 금방 친해졌다.

이와 반대로 '나쁜 질문'은 상대방이 "왜 그런 걸 물어보세요?" 하는 기분 나쁜 반응을 보이는 질문이다. "주말에 남자 친구랑 뭐 했어?"라는 식으로 사생활을 캐묻는다면 내 의도와는 다르게 상대는 불쾌감을 느끼게 된다. 그다지 친숙한 사이가 아닌데도 "당신이 중요하게 생각하는 가치관은 무엇인가요?"라고 묻는다면 나쁜 질문은 아니지만 너무 무겁다. "어느 정당을 좋아하나요?"라는 질문은 대답하기도 어렵고 상대를 당황스럽게 할 수 있다. "아이는 왜 갖지 않나요?", "몇 평 아파트에 사세요?", "연봉은 얼마나 되나요?"처럼 상대방의 개인적인 일에 깊숙이 개입하는 것도 나쁜 질문이다.

　나쁜 질문의 또 하나의 특징은 질문하는 사람의 가치관이나 생각을 강요하는 의도가 들어 있다는 점이다. 독신 여성에게 "결혼할 생각은 없어?"라는 질문은 "결혼을 안 하는 것보다는 하는 것이 더 좋다"라는 메시지로 전달될 가능성이 높다. "아이를 영어 학원에 보내지 않아도 괜찮겠어?"(당연히 아이를 영어 학원에 보내야지!), "팀의 비전은 있습니까?"(팀의 비전도 없는 거 아니야!)라는 질문은 질문 자체에 메시지가 담겨 있다. 설령 상대방을 불쾌하게 만들 의도가 전혀 없었다고 해도 상대방이 불쾌하게 받아들였다면 그것은 당신이 그렇게 전달했기 때문이다. 질문 속에 이미 당신이 원하는 대답이 있는 것은 아닌지 살펴봐야 한다. 만약 당신의 질문 밑바탕에 그런 의도가 깔려 있다면 당신의 질문은 상대방에게 폭력적으로 느껴졌을 수도 있다.

　이처럼 '나쁜 질문'은 사실 나쁜 의도가 있어서 '나쁜 질문'이 되는 것이 아니기 때문에 특별한 주의가 필요하다. 나쁜 질문은 아니지만 더러 '속상한 질문'도 있다. 며칠 전 외손녀를 데리고 산책을 나갔는데 지나가는 분이 "남자아이예요?"라고 묻는 것이었다. 순간 내 외손녀가 우락부락하게 못생겼나 싶어 슬그머니 화가 났다. 긴가민가할 때는

"여자아이죠?"라고 안전하게(?) 질문해야 한다. 설령 남자아이라고 해도 "하도 예쁘장해서 여자아이인 줄 알았어요."라고 둘러댈 수 있기 때문이다. 마찬가지 이유로 "결혼하셨죠?"보다는 "아직 미혼이시죠?"라고 묻는 편이 더 안전하다. 결혼했더라도 "너무 동안이어서 누가 결혼했다고 믿겠어요?"라고 칭찬할 수 있기 때문이다.

서두 [문제]에서 "왜 새로운 프로젝트를 두려워하나요?"라는 질문에는 상대가 두려워한다는 전제가 깔려 있다. 보다 중립적인 질문은 "새로운 프로젝트의 장애 요인은 무엇인가요?"로 바꿔야 한다. 결국 '좋은 질문'이란 상대방이 기분 나쁘지 않게 답변할 수 있는 환경을 만들어주는 질문이다. 그러기 위해서는 질문자의 의도가 들어가지 않도록 유의해야 한다. 질문자의 의도가 들어가지 않게 하려면 "팀의 비전은 무엇인가요?"와 같이 열린 질문을 하면 된다. "지금 하는 프로젝트가 맘에 드나?"라고 묻기보다는 "이번 프로젝트에서 자네가 좋다고 생각되는 점은 무엇이고, 힘든 점은 어떤 점인가?"라고 하는 것이 좋은 질문이다.

이제부터는 상담이나 회의 준비 목록에 '좋은 질문' 목록도 꼭 포함시키기 바란다. 고객이 기분 좋게 대답하고 싶어 하고 직원들에게 새로운 깨달음을 주는 '좋은 질문' 말이다. 질문의 고수가 설득의 고수다.

# '흰곰'을 생각하지 마세요
흰곰 효과를 예방하는 대화법

[문제] 맥도날드는 한때 지렁이 고기로 햄버거를 만든다는 소문에 휩싸여 한바탕 곤욕을 치른 적이 있다. 다음 중 맥도날드의 대응 전략으로 적절하지 않은 것은?

**A** "우리 햄버거는 지렁이 고기로 만들지 않습니다!"

**B** "여러분 곁에는 언제나 맛과 즐거움이 가득한 맥도날드가 있습니다!"

**C** "프랑스에서는 고급 음식에 지렁이 고기를 사용합니다.
그 비싼 지렁이 고기를 햄버거에 사용할 수 있었을까요?"

한 은행에서 임원으로 근무했던 후배와 점심을 먹었다. 불행하게도 사회적 이슈가 되었던 한 사건에 연루되어 옥고를 치른 터라 몸이 많이 축나 있었다. "가끔 아내 일을 도와 설거지를 할 때면 '그곳'에서의 설거지 생각이 떠올라서 힘듭니다."라는 말에 나도 가슴이 먹먹해졌다. 아무 위로의 말도 해주지 못하고 그저 "집 밖으로 나와서 걸어라.", "자주 만나서 함께 밥이나 먹자." 하고 헤어졌다. "생각하지 말고 그만 다 잊어버려."라는 말은 때로는 가장 나쁜 위로가 될 수 있다는 사실을 알고 있기 때문이다.

인간의 뇌는 "흰곰을 생각하지 말라."고 하면 흰곰을 더 생각하게 된다. 잊으려고 의식적으로 노력하면 오히려 더 또렷하게 기억되는 것이다. 1987년 미국의 사회심리학자 대니얼 웨그너(Daniel Wegner) 교수는 다음과 같은 실험을 했다. 그는 트리니티대학 학생 10명을 대상으로 "5분 동안 자유롭게 생각하고, 떠오르는 생각을 말하세요."라고 했다. 학생들은 아무런 부담 없이 떠오르는 생각을 모두 이야기했다. 이어서 "이번에도 똑같이 5분 동안 자유롭게 생각하고 말하세요. 단, '흰곰'을 생각하면 안 됩니다. 그리고 흰곰이 떠오를 때마다 테이블 앞의 벨을 쳐주세요."라고 했다. 대학생들은 실험자의 뜬금없는 요청에 피식 웃었다. 그런데 어쩐 일인지 계속 흰곰만 떠오르는 것이었다. 이 실험에서 '흰곰'은 우리가 원치 않는 기억이나 생각을 상징한다. 그 생각을 마음속으로 억제하려고 하면 할수록 오히려 그 생각을 할 수밖에 없는 '사고 억제의 역설적 효과'가 생기는 것이다. 웨그너는 이를 '흰곰 효과(White Bear Effect)'라고 이름 붙였다.

## 반박 전략·회상 전략·저장 전략

　이러한 흰곰 효과는 우리나라 동화 중 '청개구리 이야기'에 숨어 있다. 동화 속의 청개구리는 엄마가 시키는 것은 뭐든 반대로 한다. 엄마가 다이어트를 시킨답시고 아이에게 단것을 못 먹게 하면 아이는 더더욱 단것에 집착하게 된다. 면접관이나 임원이 "긴장하지 마세요."라고 말하면 상대방의 긴장감을 풀어주는 배려라고 생각될 것이다. 하지만 이 말 때문에 대다수의 사람들은 오히려 더 긴장하고 만다. 팀장이 "절대 실수하면 안 된다."라고 팀원들에게 신신당부하는 순간, 팀원들의 실수 가능성은 더 높아진다. 그것에 몰두한 나머지 '하지 말라'는 말을 잊어버리게 된다. 부정적 인식에 갇히기 때문이다. 따라서 직원들에게 "지각하지 마세요!"라고 말해서는 안 된다. "내일부터 시간에 맞추어 출근합시다. 회의 시간 5분 전에 들어오세요."라고 긍정적으로 요청해야 한다. 기업의 고객 대응 전략에도 흰곰 효과가 나타나는 점을 잊지 말아야 한다.

　1978년 맥도날드는 자사 햄버거에 지렁이를 넣었다는 소문이 돌자 대대적으로 반박 광고를 실시한 적이 있다. "우리 햄버거는 지렁이 고기로 만들지 않습니다."라는 적극적인 반박 광고에도 불구하고 매출은 곤두박질쳤고, 오히려 이 광고 때문에 더 많은 사람들이 그 루머를 알게 되는 악순환이 벌어졌다. 이것을 '반박 전략(refutation strategy)'이라고 한다. 연예인들도 사실이 아닌 악성 루머에 대응하는 방법으로 이런 반박 전략을 쓰는 일이 많은데, 효과적인 대응 방법이 아니다. 효과적인 대응 방법은 소문에 대해 직접적인 언급은 피하고 고객의 기억 속에 저장돼 있던 다른 긍정적인 연상을 강화시켜 주는 것이다. '여러 분 곁에는 언제나 맛과 즐거움이 가득한 맥도날드가 있습니다.'와 같은 '회상 전략(retrieval strategy)'이 한 예라고 할 수 있다.

이런 전략을 쓸 수도 있다. 소비자의 기억 속에 없던 내용을 새롭게 만 들어내는 것이다. 예를 들어 "프랑스에서는 고급 음식에 지렁이 고기를 사용합니다. 그 비싼 지렁이 고기를 햄버거에 사용할 수 있었을까요?"라 고 말하는 것이다. 이를 '저장 전략(storage strategy)'이라고 한다.

소비자들을 대상으로 조사한 결과, 이 세 가지 전략 중 회상 전략과 저장 전략은 부정적 루머를 가라앉히는 데 효과적이었던 반면에 반박 전략은 오히려 부정적인 소문을 더 잘 기억하게 만드는 것으로 드러났 다. 그러므로 문제의 정답은 A이다.

우리는 누군가가 우리를 비난할 때 본능적으로 상대의 말을 반복하 면서 부정하고 싶어진다. 이때도 즉각적으로 "저는 그런 사람이 아닙 니다."라며 상대의 말을 반복하면 휜곰 효과의 프레임에 걸려드는 셈 이다. 예전에 어느 국무총리가 골프 사건으로 곤욕을 치를 때 야당 의 원들이 부정적인 언어로 그를 공격한 적이 있다. 그는 "인신공격하지 마라. 나는 브로커랑 놀아나지 않았다."라고 응수했는데, 이로 말미암 아 나쁜 이미지를 더 강화하게 되었다. "그렇지 않다!"고 한마디로 부 정한 후 결백함을 밝히는 게 더 현명했을 것이다. 미국산 소고기 수입 과 광우병 논란 때 한 국회의원이 방송 인터뷰 도중 "광우병에 걸린 소로 등심 스테이크를 만들어 먹어도 절대 안전합니다."라고 말했는데, 이 발언도 국민들의 불안을 더 가중시키는 결과를 가져왔다. 안전성을 강조하기 위해 광우병을 부정하는 프레임을 사용하면 그 말을 듣는 국민의 불안감이 더 커진다는 사실을 그는 몰랐던 것이다. 모두 '흰곰은 생각하지 마'의 오류를 범한 경우이다.

"최악의 대응은 그 공격을 반복하면서 방어하려고 하는 것입니다. 프레임을 부인할수록 오히려 프레임을 활성화시키게 됩니다."《프레임 전쟁》의 저자인 미국 버클리대 언어학과 조지 레이코프(George Lakoff) 교수의 이야기이다.

## 긍정형 커뮤니케이션의 비결

살다 보면 항상 긍정적이며 유쾌한 일만 일어나는 것이 아니다. 부정적이고 불쾌한 일들도 많다. 이때도 꼭 부정적인 표현을 사용할 필요는 없다. 흰곰 효과를 피하기 위해 전략적으로 커뮤니케이션해야 한다. 전략적 커뮤니케이션이란 부정하고자 하는 대상을 부정하지 않고 긍정하고자 하는 대상에 초점을 맞추는 것을 말한다. 요즘에는 운동선수들도 이미지 트레이닝을 많이 한다. 상상하는 것만으로도 두뇌가 이를 수용하고 감각기관에 지시를 내리는 원리를 이용한 것이다. 골프 스윙에서 "어깨에 힘주지 말아요."처럼 원하지 않는 것을 상상하는 것이 아니라 "자연스럽게 어깨를 돌리세요."와 같이 원하는 것을 말함으로써 머릿속에 그리게 하는 이유도 여기에 있다. 그래서 전문 수영 코치들은

"너무 빨리 헤엄치면 안 돼요."라고 지적하지 않고 "좀 더 천천히 헤엄치는 게 좋아요!"라고 말한다.

말은 감정을 변화시킨다. 감정이 변화되면 행동도 긍정적으로 바뀐다. 그러기 위해서는 안 된 것, 잘못된 것을 지적하는 대신 원하는 것, 기대하는 것을 중심으로 표현하는 연습을 해야 한다. 직장이나 가정에서 이유를 대며 "무엇을 하지 말라", "안 된다"라고 거절하는 대신 "~하면", "~한 이후에"라는 표현으로 바꿔 그것이 어떻게 하면 가능한지 보여주는 게 좋겠다. "게임하면 안 된다.", "일이 밀려 휴가를 승인할 수 없다."는 부정적인 표현과 거절은 상대를 좌절시킨다. "숙제를 끝내고 나면 얼마든지 게임해도 괜찮다.", "이 일을 끝낸 후에 휴가를 허락하겠네."처럼 가능한 조건을 덧붙여 긍정형 표현법으로 바꿔야 한다. 긍정형 표현에서 더 나아가 성의를 덧붙여 준다면 금상첨화일 것이다.

우리는 상대에게 '노'라고 거절해야 할 경우가 생긴다. 물론 거절할 것은 거절해야 한다. 그러나 거절은 하되 대안을 제시하여 상대에게 선택 기회를 부여하는 말을 덧붙이는 것이 좋다. 예를 들어 친구에게 전화를 걸어 "오늘 저녁에 한잔하자."라고 했는데 친구가 "나 오늘 선약이 있어서 안 돼."라고 대답한다면 무척 섭섭할 것이다. 그러나 "오늘 저녁 만나자고?[사실]. 미안해. 오늘 저녁은 선약이 있는데[표현], 금요일 저녁은 어때?[제안]. 그러면 부담 없이 한잔할 수 있지 않겠어?[결과]"라고 말했다면 친구의 성의나 미안한 마음은 그대로 느끼게 된다. "팀장님, 오늘은 선약이 있어서 지금 나가야 하는데, 내일 아침 일찍 해드리면 안 될까요?"라고 대안이 덧붙여져야 성의 있는 긍정형 표현이 되는 것이다.

명령하거나 지시하지 않고 다른 사람의 행동을 변하게 하는 또 하나의 방법은 '현상을 알려주는 것'이다. 누구나 자신에게 강제로 명령하거나 행동의 변화를 요구하면 하려고 했던 것도 괜히 하기 싫어진다. 그렇다면 행동의 변화에 대한 결정권을 상대방이 갖도록 메시지를 바꿔야 한다. "신발 끈을 묶어라."가 아니라 "신발 끈 풀렸다."라고 말하는 식이다. '묶어라'는 명령이다. 하지만 '신발 끈 풀렸다'는 현상을 알려주는 메시지다. 어떻게 행동할지는 본인이 알아서 결정할 것이다. "여기가 틀렸네." 대신 "이렇게 하면 더 좋겠어요."라고 바꿔 표현한다면 역시 상대방이 더 받아들이기 쉬울 것이다. "구체적인 근거가 없잖아?" 대신 "근거가 되는 구체적인 데이터가 들어가면 더 좋을 것 같네요."라고 표현하는 것이다. 탁월한 리더는 부정적인 면을 지적하는 대신 좋은 방향으로 이끌어주는 사람이다.

말은 감정을 변화시킨다. 감정이 변화하면 행동도 긍정적으로 바뀐다. 그러기 위해서는 상대가 판단해서 결정하도록 메시지를 바꾸고, 안 된 것, 잘못된 것을 지적하는 대신 상대가 원하는 것, 기대하는 것에 초점을 맞춰 표현하는 연습을 해야 한다.

참 잊어버리고 갈 뻔했다. 후배에게 "자주 집 밖으로 나와서 걸어라."라고 말한 것은 자주 산책을 권하고 싶은 마음에서 한 말이었다. 내가 기억하고 싶지 않은 것을 잊는 데는 '잊어버려야지'라고 다짐하는 것이 아니라, 집 밖으로 나가서 걷는 것이 특효약이다. 밤에 눈 감고 있으면 오로지 잊어버리고 싶은 그것(흰곰)만 떠오르게 된다. 뇌가 받아들일 게 그것밖에 없기 때문이다. 그러나 걸어다니다 보면 다양한 사물들이 내 시야에 들어온다. 내가 잊고 싶은 '흰곰'은 이제 지각하는 여러 가지 일상들 중 하나에 불과해진다. 힘들수록 산책을 해야 하는 이유가 여기에 있다.

# 2

## 대세를 활용하라
### '예스'를 끌어내는 설득 비법

# 이것이 대세입니다

### '대세의 힘'을 활용하는 법

[문제 1] 한 홈쇼핑 TV의 화면에 띄울 문구이다. 시청자의 구매를 촉진하는 데 더 효과적인 문구는 어느 쪽일까?

> **A** "상담원이 기다리고 있습니다. 지금 바로 전화주세요."
>
> **B** "모든 상담원이 지금 고객과 통화하고 있습니다.
>    잠시 후 다시 전화주세요."

[문제 2] 김 대리는 이번 국회 인사청문회에 나온 J장관 후보자가 내심 적임자라고 생각하고 있다. 점심 식사 후 동료들과 대화 중인 김 대리는 어떻게 질문해야 동료들의 더 큰 호응을 얻을 수 있을까?

A "J장관 후보자에 대해 모두가 적임자라고 하는데, 어떻게 생각하세요?"

B "J장관 후보자에 대해 어떻게 생각하세요?"

  나는 책을 살 때 온라인 서점을 잘 이용하지 않는 편이다. 가끔 인터넷에서 책을 찾아보기는 하지만, 구매할 때는 직접 서점에 가서 저자약력과 서문, 목차 등을 꼼꼼히 살피고 군데군데 관심 있는 대목까지읽어보는 편이다. 그런데 이렇게 까다롭게 책을 고르면서도 꼭 들러서한 권 정도는 사가지고 나오는 데가 있다. 베스트셀러 코너다. 요즘에다른 사람들은 어떤 책을 주로 보는지가 궁금하기 때문이다. 사람들은책을 사러 갈 때 나처럼 '반드시 이것을 사겠다'는 생각으로 가기도 하지만, 별 생각 없이 그냥 서점에 들르기도 한다. 그러니 구체적인 정보가 있을 리 없다. 이때 정보의 기준을 제시해 주는 것 중의 하나가 베스트셀러 안내판이다.

  베스트셀러는 다수의 사람들이 그렇게 행동하면 그것이 옳다고 보게 되는 '사회적 증거(social evidence)'에 힘입어 그 자체로 대단한 힘을 발휘한다. 그래서 더 잘 나가게 된다. 삼겹살이 먹고 싶어 식당을 찾았는데 손님이 한 사람도 없다면 바로 옆에 만석인 다른 식당으로 가서기다렸다 들어가는 것이 더 마음 편하다. 우리는 다른 사람들이 무엇을하고 있는지 궁금해하며 그들의 일부가 되기를 원한다. 이른바 '대세의힘'이라고 할 수 있다.

지하철에서도 대세의 힘을 활용한 상술이 발휘된다. 상인이 바람잡이들과 같이 다니면서 사고파는 모습을 사람들에게 보여준다. 살까 말까 망설이던 사람들이 그 모습을 보고 물건을 사게 된다. 길거리에서 연주하는 악사가 기부를 요청할 때도 바람잡이를 조력자로 둔 경우가 그냥 방치한 경우보다 무려 8배나 많은 기부금을 받는다고 한다. 우리는 다른 사람이 많이 하는 행동을 옳은 행동으로 보는 경향이 있다.

설득 분야에서 최고 전문가로 꼽히는 《설득의 심리학》의 저자 로버트 치알디니(Robert B. Cialdini)는 사람들이 무엇이 옳은지 결정하기 위해 사용하는 방법 중의 하나가 다른 사람들이 옳다고 생각하는 것이 무엇인지를 알아내는 것이라고 말했다. 다른 사람들이 하는 대로 행동할 경우 실수할 확률이 줄어든다고 생각하기 때문이라는 것이다. '집단 동조 현상'이 그래서 일어난다. 우리는 부지불식간에 이러한 집단동조 현상에 휘둘린다. 그래서 기업들은 영리하게 이를 마케팅에 활용하곤 한다.

생활용품을 판매하는 코즈니는 계산대를 줄임으로써 오히려 방문 고객을 늘렸다. 계산대를 8개에서 2개로 줄이자 고객이 더 많아진 것이다. 계산대가 8개였을 때는 계산대 주변이 붐비지 않았지만 계산대를 2개로 줄이자 붐비기 시작했다. 지나가던 고객들은 그것을 보고 매장이 붐비는 것으로 착각해 호기심으로 매장을 찾은 것이다. 비용을 줄이면서도 심리적 착각 현상으로 인해 매출은 더 오르는 '슬림 마케팅(slim marketing)' 효과가 나타난 것이다

한 홈쇼핑 채널의 작가는 구매를 유도하는 문구를 "상담원이 기다리고 있습니다. 바로 전화주세요."에서 "상담원이 지금 굉장히 바쁘네요. 다시 전화주세요."로 바꾸었다. 언뜻 무모한 행동으로 보였다. 그런데 결과는 그게 아니었다. "상담원이 기다리고 있습니다."란 말을 들을 때는 머릿속에 따분한 직원들 수십 명이 손톱을 다듬거나 책상 위를 정리하면서 전화벨이 울리기를 기다리는 이미지가 떠오른다. 그에 비해 "상담원이 지금 굉장히 바쁘네요."란 말은 계속해서 울려대는 전화를 받느라 정신없이 바쁜 사람들의 모습을 떠오르게 한다. 이렇게 문구를 바꾼 결과, 집에서 TV를 보던 시청자들은 머릿속에 떠오른 다른 사람들의 행동을 그대로 따라 했다. 즉, 잽싸게 전화를 걸어 상품을 주문하는 수많은 사람들의 대열에 동참한 것이다.

이런 이유로 [문제 1]의 정답은 B가 된다. 친구 따라 강남 가는, 즉 집단동조 현상이 생기기 때문이다. "저기 501동에 사시는 분도 우리 제품을 구입했습니다.", "이게 대세입니다.", "30대 주부들이 제일 좋아하는 헤어스타일입니다.", "현재 보험사에서 가장 많이 팔리고 있는 상품이 바로 이 상품입니다."와 같은 말을 쓰는 이유도 동조 심리를 자극하기 위한 것이다.

## '모두'를 붙여서 내 의견을 말하라

"그 드라마 꼭 봐. 다들 첫 회부터 재밌다고 난리 났더라."

"그래? 그럼 나도 꼭 봐야겠네."

직장 동료들끼리 커피 마시면서 나눈 대화 내용이다. '다들' 재미있다고 말하면 그건 나한테도 재미있는 것으로 판단된다. 개인이 어떤 판단을 내릴 때 다른 사람들의 영향을 받는 것은 자연스러운 일이다. 자신이 확신하는 내용이 아닌 한 다수가 옳다고 말하는 것을 받아들일 수밖에 없고, 집단으로부터 인정을 얻기 위해서라도 그 집단의 주된 견해에 동조하는 편이 유리하기 때문이다. 우리는 다른 나라를 여행하며 그 나라 사람들을 보고 어떻게 행동해야 하는지를 판단한다. 음식점에서 주문하거나 옷을 입을 때도 다른 사람들이 어떻게 먹고 입는지를 눈여겨본다. 테드(TED) 강연에서는 기립 박수가 시작되는 데 3명이면 충분하다. 3명만 일어나면 나머지 청중들도 전부 일어난다.

이렇게 우리 주변에서 흔히 일어나는 동조 현상을 대화에 활용하는 방법이 있다. '모두'가 그렇게 생각한다고 말하는 것이다. '모두'라고 말하면 사람들은 그 말을 쉽게 거스르지 못한다. 나도 이런 말에 곧잘 넘어간다. 한번은 퇴근길에 아파트 경비 분이 동의서에 서명해 달라고 했다. "공터를 주차장으로 사용하자는 것입니다. 408호만 빠졌습니다."라는 말에 더 묻지 않고 바로 사인했다. '모두가 했다면 나도 당연히 해야 한다'고 생각한 것이다.

이 말을 실험으로 증명한 사람이 있다. 미국의 심리학자 세나 가벤(Sena Garven)은 어떤 주제에 대해서 단지 '당신은 어떻게 생각하는가?'라고 물어보면 고작 10퍼센트만 동의하지만, '모두가 그렇다고 하는데, 당신은 어떻게 생각하는가?'라고 질문하면 동의하는 사람의 비율이 약 50퍼센트까지 뛰어오르는 것을 실험으로 확인했다. 여러분도 [문제 2]의 답은 쉽게 맞혔으리라 생각된다. 정답은 '모두가 그렇다고 하는데'라는 말이 들어가 있는 A이다.

그럼 여기서 중요한 힌트 하나를 얻을 수 있다. 친구나 고객에게 내 말을 듣게 하고 싶을 때는 되도록 자신의 의견이라는 사실을 감추고 '모두'를 기준으로 제시하는 게 좋다. 자신의 의견으로만 설득하려고 하면 상대방에게 억지로 강요하는 듯한 인상을 줄 수 있기 때문이다. '모두'라는 말을 붙이면 상대방이 내 의견에 순순히 따를 확률이 한층 올라간다.

예를 들어 멋부린답시고 다 찢어진 청바지를 입고 다니는 친구에게 "좀 단정하게 입고 다니는 게 어때?"라고 말하면 쓸데없는 참견이라며 나를 고리타분한 사람으로 생각할지 모른다. 대신에 "그런 옷을 입고 다니면 사람들이 '모두' 싫어할 걸?"하는 식으로 '모두'라는 말을 넣는다면 친구도 자기 옷차림에 더 신경을 쓸 가능성이 높아진다.

'모두'라는 말을 꼭 붙이지 않더라도 '대세'임을 강조하는 다른 표현법도 큰 설득 효과를 발휘하므로 이러한 표현법을 함께 익혀두기 바란다.


(정보의 출처를 제시하며)

"이 집이 바로 KBS에서 선정한 맛집이래."

('모든 사람'을 붙여서)

"자네처럼 면도를 안 하고 다니면 '모든 사람'이 싫어할 거야."

(숫자를 넣어서)

"이 영화를 본 관객 수가 이미 일천만 명을 넘었어."

(대세임을 강조하며)

"우리나라 직장인 90%가 이미 가입한 보험입니다."

# 얻는 기쁨보다 잃는 고통이 크다

또 다른 유혹, 프레이밍 효과

[문제 1] 다혜 엄마는 딸의 수학 성적을 향상시키기 위해 다음과 같이 딸에게 제안했다.

어느 쪽이 더 효과적일까?

> **A** 5만 원을 먼저 용돈으로 준 후 "수학 성적이 90점이 되지 않을 경우
> 다시 엄마에게 돌려주어야 한다."고 제안한다.
>
> **B** "수학 성적이 90점이 되면 그때 5만 원을 주겠다."고 제안한다.

[문제 2] 당신은 대장암 수술을 앞두고 있다. 의사에게 생존 가능성을 물으니 다음과 같
이 대답한다. 당신이 수술을 받아야겠다고 결심할 가능성이 높은 쪽은?

**A** "이 수술을 받은 사람 100명 중 90명은 5년 후에도 살아 있습니다."

**B** "이 수술을 받은 100명 중 10명은 5년 이내에 죽었습니다."

[문제 3] G보험사의 마케팅 팀장인 김 차장은 자동차보험 계약 조건으로 고객에게 다음 두 가지 중 하나를 선택하게 하려 한다. 고객의 선호도가 더 높을 것으로 예상되는 쪽은?

**A** "가입 시 연간 보험료는 100만 원이며, 만약 사고가 발생한다면 60만 원을 추가로 부담해야 한다."

**B** "가입 시 연간 보험료는 160만 원이며, 사고 발생 시에도 추가 부담은 없다. 만약 만기까지 사고가 발생하지 않으면 60만 원을 환불받는다."

"'모니터링(mystery shopping) 제도'를 폐지해야 합니다." J은행 과장 시절, 은행장까지 참석한 청년중역회의(Junior Board)에서 내가 발언한 내용이다. 경영진은 직원들의 긴장감을 높이고 친절을 체질화시키기 위해서는 폐지가 곤란하다는 입장이었다. 그런데 고객서비스(CS) 업무를 맡고 있는 내가 이 발언을 함으로써 노조 주장에 동조해서 사측에 반기를 든 것이다. 참석자들 모두 당황해하는 빛이 역력했다.

이때 사회를 맡고 있던 장 차장이 은행장과 나를 번갈아 쳐다보며 사태를 무마하려는 듯 내게 되물었다. "모니터링 제도의 긍정적인 면도 많지 않습니까?" "아닙니다. 서비스를 표준화하려고 했던 원래 취지가 오히려 서비스를 획일화시키고 있습니다. 고객이 운동화가 발에 안 맞는다고 하면 그건 안 맞는 것입니다. 서비스는 과학이 아니라 느낌입니다. 모니터링 제도를 폐지하고 고객만족도 조사를 하는 것이 좋습니다."라고 응수했다. 회의장에는 잠시 적막감이 흘렀다. 모두가 긴장한 듯했다. 바로 그때 사회를 보던 장 차장이 내 말을 이렇게 받아넘겼다. "그러니까 장 과장의 주장은 '직원을 감시하는 모니터링 제도'에서 '고객의 느낌을 알아내는 고객만족도 조사'로 전환하자는 뜻으로 요약되는군요. 그렇게 검토하도록 하겠습니다."

그때 나는 왜 '전환'이라고 표현하지 못하고 노조의 표현을 그대로 빌려 극단적인 느낌의 '폐지'를 주장했을까! 아무튼 사회자의 재치로 극적인 분위기 반전에 성공하고 모두의 동의를 얻어 J은행은 은행권에서 최초로 고객만족도 조사를 실시하게 되었다.

신입 사원 면접을 볼 때, 대학 졸업과 취업 사이의 공백이 길면 그간 무엇을 했느냐를 묻게 된다. 그런데 한 응시자가 내게 이렇게 말했다. "2년 동안 여러 회사에 지원했으나 떨어졌습니다." 나는 면접관이긴 했지만 앞으로 다른 면접을 볼 기회가 생긴다면 이렇게 말하라고 조언했다. "2년 동안 여러 회사에 지원했으나 일하고 싶은 회사를 찾지 못했습니다." 우리 속담에 '같은 말이라도 아 다르고 어 다르다'는 말이 있다. 투명한 컵에 반쯤 물이 담겨 있을 때 사람들의 반응은 둘로 나뉜다. "물이 반이나 남았네."라는 반응과 "물이 반밖에 없네."라는 반응이다. 우리는 앞의 반응에서 긍정적인 느낌을, 후자의 반응에서는 부정적인 기분을 느낀다. 이처럼 동일한 사건이나 상황에서도 어떤 표현이나 방식을 제시하느냐에 따라 사람들의 선택과 생각이 달라질 수 있는 현상을 심리학에서는 '프레이밍 효과(framing effect)'라고 한다. 인식의 틀인 프레임(frame)이 긍정적이냐 부정적이냐에 따라 판단이나 선택이 바뀌는 현상을 의미하는 것이다.

프레임을 바꾸면 어떻게 달라지는지를 설명하는 재미있는 이야기가 있다. 수술을 앞둔 환자가 의사에게 생존 가능성을 묻는다. 그때 의사가 "지금까지 이 수술을 받았던 환자들 100명 중에서 90명이 수술 후 5년을 더 살았습니다."라고 얘기하면 환자는 비교적 안도하면서 기꺼이 수술을 받아야겠다는 생각이 들 것이다. 그러나 "100명 중에 10명은 5년 이내에 죽었습니다."라고 말하면 불안에 떨며 수술받지 않기로 결심할지도 모른다. 사실 100명 중 90명이 생존한다는 것은 10명이 죽는다는 것과 같은 말이다. 따라서 [문제 2]의 정답은 A이다.

어떤 프레임을 사용해야 좋을지는 그때그때 다르다. 상황에 따라 유리한 프레임을 꺼내야 한다. 국어 공부를 하던 아들이 물었다. "아빠, 절약하는 사람과 구두쇠는 어떻게 달라요?" "음, 그건 말야, 아주 간단해요. 아빠가 여러 해 동안 입던 외투를 계속 입으면 엄마는 나더러 절약을 잘한다고 하지. 그러나 엄마에게 작년에 입던 외투를 이번 겨울에도 그냥 입으라고 말하면 나더러 구두쇠라고 말한단다."

돈을 잘 쓰지 않는 사람을 가리켜서 '절약하는 사람'이라고 하면 긍정적으로 들린다. 칭찬하는 말이다. 그런데 같은 사람을 '구두쇠'라고 표현하면 부정적으로 들린다. 어느 프레임에 넣느냐에 따라 전혀 다른 표현이 되는 것이다. 물론 사람을 판단할 때는 긍정형 프레임이 좋을 것이다. '까다로운 사람'은 '꼼꼼한 사람'으로, '고집이 센 사람'은 '소신 있는 사람'으로 프레임을 바꿔주면 단점이 장점으로 둔갑하기 때문이다. 이처럼 프레임을 바꾸면 전혀 다른 사람이 된다. 같은 연봉 4천만 원이라도, 경력 3년차이니까 4천만 원이라고 할 때와 경력 3년차임에도 불구하고 4천만 원이라고 할 때 연봉에 대한 평가는 확실히 달라지게 된다. 나는 그때 긍정적인 프레임과 대안 제시형 표현법을 써서 '폐지'가 아니라 '변경'이나 '전환'으로 바꿔 말했어야 했다.

## 잃는 고통이 얻는 기쁨보다 크다

건강 잡지를 보면 2가지 부류의 헤드라인을 발견하게 된다. '뱃살을 빨리 빼는 방법'과 '복근을 만드는 방법'에 관한 것이다. 이 둘 중에서 어떤 문구가 잡지 판매율 향상에 더 기여할까? 언뜻 생각하면 멋진 복근을 만드는 방법이 더 좋을 것 같다. 그러나 판매율에 미치는 영향을 검증해 본 결과는 반대였다. 사람들은 '뱃살을 빨리 빼는 방법'이라는 헤드라인의 기사를 더 많이 읽었다. '뱃살(고통)을 빨리 빼는 방법'과 '복근(기쁨)을 만드는 방법' 중에서 고통을 덜어낼 수 있는 것을 선택하기 때문이다. 그럼에도 불구하고 기업들은 일반적으로 제품의 이점을 담은 메시지를 고객에게 전달하려 애쓴다.

그러나 고객이 손실을 볼 수 있는 가능성에 초점을 맞추는 것이 더 설득력이 크다. '이익'으로 유혹하는 것보다 '손실'로 위협하는 것이 효과적이다. 그래서 '이 침대를 구매하면 최고의 잠자리를 경험할 수 있습니다'보다는 '당신의 10년 된 매트리스에 그동안 쌓인 진드기의 무게를 생각해 보세요'처럼 고통을 부각시키는 문구가 더 효과적이다. 한 심리 실험 결과에 따르면 '95% 살코기가 들어간 햄'이라는 광고보다 '지방이 5%밖에 들어가지 않은 햄'이라는 광고에 더 높은 구매 의사를 보였다. 케이블 TV에서 자주 접하는 보험 광고들도 대개 그 보험에 가입하면 얻을 수 있는 '마음의 평안함'을 강조하기보다 그 보험에 가입하지 않았을 때 발생할 수 있는 '고통스러운 비극과 공포'를 강조하는 것도 그래서다.

[문제 3]에서 고객은 B를 선택했을 가능성이 더 크다. 내가 대학에서 생활경제를 강의하면서 학생들에게 "만기환급형 보험이 좋은가, 순수보장형 보험이 좋은가?" 하고 질문하면 대부분 "만기환급형이 좋다."고 답한다. 10~20년 가까이 보험료를 냈는데 만기 때 보험료를 돌려받지 못하면 손해보는 느낌이기 때문이다. 그래서 보험 설계사나 보험을 파는 홈쇼핑에서도 만기가 되면 낸 돈을 그대로 돌려받는다는 것을 혜택이나 장점으로 크게 홍보한다. 하지만 보험료는 순수보장형이 훨씬 저렴하고, 보장 내용도 만기환급형과 다를 것이 없다. 그런데도 현실에서 사람들의 생각은 다르다. 바로 '손실 회피(loss aversion)'라는 인간의 심리적 특성 때문이다. 보험료를 열심히 냈는데도 아프지 않아 보험

금을 못 탈 수도 있다면 사람들은 이것을 손해라고 생각하고 가능한 한 회피하려 한다. 그런데 만기에 원금이라도 건지면 중간에 보험금을 타지 못해도 손해가 아니라고 생각하게 된다. 실제 연구 결과도 그렇다.

미국의 경영학자 에릭 존슨(Eric J. Johnson) 연구팀은 자동차 보험의 공제와 환불에 관한 연구를 통해 소비자들의 결정의 변화를 실험했다. [문제 3]과 같은 조건에서 실험 결과는 A조건의 보험에 가입하겠다는 응답자가 44%였고, B조건의 보험에 가입하겠다는 응답자가 68%였다. 즉, 자동차 보험에서 초기에 납입하는 보험료가 적은 '공제 프레임'의 보험이 현재가치 측면에서 더 이익임에도 불구하고, '환불 프레임'의 보험에 가입하겠다는 사람이 24% 더 많았던 것이다. 사고가 발생할 때 부담해야 하는 60만 원을 더 큰 손실로 인식하고, 사고가 발생하지 않을 경우 환불받는 60만 원을 더 큰 이익으로 인식했기 때문이다. 프레이밍은 또 다른 유혹인 것이다. 그래서 [문제 3]의 정답은 B이다.

이러한 손실회피 성향은 마케팅뿐만 아니라 설득과 커뮤니케이션에도 그대로 적용된다. 하버드대학의 롤랜드 프라이어(Roland Fryer) 교수는 학생들도 손실을 회피하기 위해 더 많은 노력을 한다는 점을 밝혀냈다. 학생들에게 시험을 치르기 전에 미리 20달러를 주고, 성적이 오르지 않으면 다시 빼앗을 것이라고 말했다. 그랬더니 100점 만점에 평균 5~10점이 더 높게 나왔다. 성적이 오르면 20달러를 주겠다고 한 학생들에 비하여 성적이 월등히 향상된 것이다.

우리는 보통 목표를 달성하면 보상을 주겠다는 인센티브 방식을 많이 사용한다. 그러나 '손실회피'를 활용하면 더 많은 노력을 하게 되고, 그 결과 성적도 높아지게 된다. 사람들은 얻는 것보다 빼앗기고 잃는 것에 훨씬 더 예민하게 반응하는 것이다. 따라서 [문제 1]의 정답은 A 이다. '여기에 자전거를 세워두면 분실 위험이 있습니다'와 '여기에 자전거를 세워두지 마세요'는 같은 내용이다. 그러나 '자전거를 세워두지 마세요'라는 문구로는 기대한 효과를 얻기 어렵다. 오히려 '이곳은 자전거 도난 사고가 많은 곳입니다' 하는 식으로 불안감을 유도하는 방법이 더 효과가 클 것이다.

이는 남녀 간의 밀당에서도 써먹을 만하다. 상대가 사랑을 고백하지도 않고 미적지근하게 군다면 날 빼앗길 수 있다는 불안감을 자극하는 것이다. "요즘 부모님이 빨리 결혼하라고 자꾸 맞선을 보라고 하셔.", "거래처 사장님이 나를 예쁘게 보셨는지 자기 아들(딸)을 소개시켜 주겠다네." 하는 식으로 은근히 압박하는 것이다. 상대는 당신을 다른 사람에게 빼앗기는 위험을 피하기 위해서라도 즉시 행동하려고 할 것이다. 사람들은 특히 불안이나 손실에 민감하다. 인간의 손실회피 성향을 연애나 설득에 적극 활용해 보기 바란다.

# 먼저 라벨을 붙여주자

### 희망 사항을 이름표로 만들기

[문제] 중앙선거관리위원회는 지방선거 투표율을 높이기 위해 유권자들과 인터뷰하면서 다음과 같이 말했다. 다음 중 투표율을 높일 수 있는 효과적인 표현은?

**A** "우리가 인터뷰한 사람들을 대상으로 판단해 본 결과,
   선생님은 투표에 참여할 가능성이 매우 높은 시민입니다."

**B** "우리가 인터뷰한 사람들을 대상으로 판단해 본 결과,
   선생님은 투표에 참여할 가능성이 평균적인 수준입니다."

나는 대학이나 기업체에서 강의하는 시간이 많기 때문에 전화를 바로 못 받는 경우가 많다. 그래서 강의가 끝나면 꼭 부재중 전화를 확인

하고 응답하는 일이 습관화되었다. 그렇다고 모든 사람에게 바로 전화를 하는 것은 아니다. '맨 먼저'와 '반드시' 전화를 거는 사람은 나름대로 선별한다. 그중 K은행의 김 지점장에게는 맨 먼저, 반드시 전화를 걸어준다. 그는 내가 다시 전화를 걸어줄 때마다 "제가 다시 전화드리려 했는데, 장 교수님께서는 꼭 전화를 해주시는 분입니다."라며 나를 추켜세워 준다. 그런데 이런 칭찬 때문에 그의 기대를 저버릴 수가 없어서인지 전화나 문자를 단 한 번도 '씹은' 적이 없다. 곰곰이 생각해보니 이건 김 지점장의 탁월한 멘트에 내가 당한(?) 것 같다는 생각이 든다. "장 교수님께서는 늘 부탁을 들어주셔서 지점 실적에 크게 도움이 되고 있습니다."라고 말한다면 나는 김 지점장의 부탁을 앞으로도 거절하기가 더 힘들어질 것이다.

미국의 앨리스 티부(Alice Tybout)와 리처드 옐치(Richard Yalch) 연구팀은 한 실험에서 선거일에 유권자의 투표율을 높이기 위한 한 가지 방법을 제시하고 있다. 그들은 수많은 유권자를 인터뷰한 다음에 그중 절반가량의 그룹에게는 무작위로 "우리가 인터뷰한 사람들의 응답을 바탕으로 판단한 결과, 당신은 '평균적인 사람'들보다 투표에 참여할 가능성이 높은 시민입니다."라고 말했다. 그리고 나머지 절반에게는 "인터뷰 응답을 바탕으로 판단한 결과, 당신은 '평균적인 수준'입니다."라고 알려주었다. '투표할 가능성이 높은 훌륭한 시민'이라는 라벨이 붙여진 응답자들의 투표율은 '평균적인 시민'이라는 라벨이 붙여진 사람들보다 15퍼센트 더 높았다. 그래서 여러분도 모두 맞혔으리라 짐작되는데, 서두 [문제]의 정답은 A이다.

(고객에게) "장 교수님은 항상 먼저 전화를 걸어주시는 분입니다."

(남편에게) "당신은 마음이 굉장히 넓어서 내 짜증을 다 받아주잖아!
고마워!"

(창구 직원에게) "신 대리는 정말로 친절하세요. 자상하게 설명해 주
시니 고마워요."

이런 식으로 우리가 상대방에게 '당신은 이런 사람이에요'라는 라벨
을 먼저 붙여주면 상대방은 마음이 넓어지고 친절하게 행동할 수밖에
없다. 사람들은 보통 다른 사람이 라벨을 붙여준 대로 행동하려고 한
다. 다른 사람이 자신에게 품고 있는 좋은 이미지를 깨뜨리고 싶지 않
기 때문이다. 심리학에서는 이를 '라벨링(labelling) 효과'라고 한다. 한
사람에게 어떤 특색, 태도, 신념 등과 같은 라벨을 붙인 다음 그 라벨에
어울리는 요구를 하는 것을 가리키는 말이다.

## 라벨링 효과를 활용하는 법

이러한 라벨링 효과는 일상생활이나 비즈니스에서도 폭넓게 활용
할 수 있다. 먼저 자녀들에게 활용할 수 있는 방법을 생각해 보자. 미국
노스웨스턴대학의 리처드 밀러(Richard L. Miller) 교수는 시카고의 한
공립 초등학교에서 재미있는 실험을 했다. 몇 개 학급의 담임 선생님에
게 부탁하여 "모두 깔끔하구나."라는 라벨을 학생들에게 붙여줬다. 그
러자 82% 이상의 아이들이 쓰레기를 보면 주워서 휴지통에 버리기 시

작했다. 그런데 담임 선생님이 그런 라벨을 붙이지 않은 학급에서는 교실에 쓰레기가 떨어져 있어도 무시하는 아이가 많았고, 쓰레기를 줍는 아이는 약 27%에 불과했다고 한다. 그러니 글씨를 엉망으로 쓰는 자녀에게는 "다혜도 맘만 먹으면 정말 글씨를 예쁘게 쓰는구나."라고 칭찬해야 한다.

직장에서는 이렇게 활용할 수 있을 것이다. 직원 중에 힘든 프로젝트를 맡아 '이 일을 계속해야 할까, 중간에 포기해 버릴까' 고민하는 사람이 있다고 하자. 이때 상사가 "강 과장은 지금까지 한 번도 중간에 일을 그만둔 적이 없었네. 이번에도 역시 잘해 낼 것이라 믿네."라고 격려해 준다면 강 과장은 일을 완수할 가능성이 훨씬 높아진다. 또한 평소 시간 약속을 잘 지키지 않는 직원이 어쩌다 한 번 약속을 지켰다면 "자네는 약속을 잘 지키는 사람이군." 하고 확실하게 라벨을 붙여야 한다. 그래야 이 직원은 자신에게 부여된 '라벨'에 따라 향후에도 그렇게 행동할 가능성이 커지기 때문이다.

연인 사이에서도 상대를 자기 뜻대로 움직이게 하고 싶다면 상대를 '늘 배려하는 사람'이라고 라벨 붙이기 바란다. 그렇게 하면 상대가 안하무인으로 행동하기 어렵다. 상대가 자신의 말에 집중하길 원한다면 이렇게 말하면 된다. "이야기를 참 잘 들어주시는 것 같아요. 같이 대화하니까 정말 즐겁네요." 상대가 "아니에요."라며 겸손해할지도 모르지만, 앞으로 당신의 말을 흘려듣기 어려울 것이다.

고객과의 비즈니스 대화에서도 매우 유용하다. 나는 국내 은행과 외국계 은행에서 민원을 제기하는 고객을 상담하는 업무를 많이 맡았다. 한 고객이 이렇게 민원을 제기한 적이 있다. "알고 보니 직접 채권에 투자하는 것이 아닌 채권형 펀드였고, 파생상품인 줄 알았으면 처음부터 투자하지 않았을 것이며, 상품 이름이나 상품 설명서에도 'ㅇㅇ투자 신탁'이라고 되어 있지 '펀드'라는 말이 없었다. 일반인이 '투자신탁'이 펀드인지 아닌지 말해 주지 않으면 어떻게 알겠는가?"

나는 이 고객과 상담하기 전에 고객이 그간 가입했던 투자 상품 내역을 살펴보았는데, 투자 상품에 오랫동안 가입해 온 데다가 금융 관련 지식도 아주 해박한 분이셨다. 상담 전에 내가 먼저 말문을 열었다. "그간 주식투자, 펀드를 오래 해오셔서 재테크 전문가 수준인 선생님께서 (산전수전 다 겪으신 고객께서) 너무 잘 알고 계시겠지만…." 나의 라벨링 메시지는 손실 가능성과 투자 위험을 전혀 몰랐다고 항의하려는 고객의 거친 목소리를 낮추는 데 대단히 효과적이었다.

## "질문 하나 해도 될까요?"

영어 단어 라벨(label)은 레이블로 발음되는데, 일상생활에서 쓰는 라벨에는 두 가지 용도가 있다. 하나는 상품 용기에 상표나 품명을 인쇄하여 붙이는 것이고, 다른 하나는 노트나 자료철에서 원하는 자료를 쉽게 찾을 수 있도록 주제별로 표시하는 것을 말한다. 한쪽 면에 접착제가 있어서 자료 가장자리에 쉽게 붙일 수 있다. 라벨을 잘 활용하면 자료를 보관하고 찾는 데 아주 편리하다. 그런데 커뮤니케이션 스킬에서도 레이블링(labeling) 화법이 주는 효과는 역시 강력하다. 레이블링이란, 예를 들어 "질문 하나 해도 되겠습니까?", "지금 말씀하신 내용과 다른 의견을 말씀드려도 되겠습니까?"와 같이 질문하기 전에 미리 상대방의 동의를 구하는 것이다. 이때 상대는 "예, 그러세요."라고 동의할 것이다. 질문에 동의했으므로 상대방은 질문을 잘 듣고 대답을 준비할 것이다. 또한 상대에게 내가 하려는 말의 방향을 미리 알려주어 경청하게 함으로써 상대가 당황하거나 나의 질문을 회피할 염려가 없다.

병원에서 "환자분이 매사 정확하신 분이라는 것을 잘 압니다."라고 의사가 평가한다면 이 환자는 다음부터 약속 시간을 잘 지킬 확률이 높다. "앞으로는 약속 시간에 늦지 마세요."라는 싫은 소리를 안 해도 되는 의사는 지혜로운 의사이다. 그런데 이 글을 쓰고 있는 나도 이러한 라벨링 효과에 곧잘 당하는(?) 편이다. 2007년 말 베이징 올림픽 특수도 기대할 만하다면서 1년 정도 더 중국과 브릭스 펀드에 투자하라는 K은행 T팀장의 강권에 못 이겨 중국과 러시아 등 신흥국 시장에 재투자했다. 그 후 내 수익률은 어떻게 되었을까? 당시 가입했던 종목들은 미국발 금융위기를 겪었고, 10년이 넘은 현재까지도 마이너스 수익률을 기록하고 있다. 그런데 원망 섞인 항의라도 할라치면 "항상 후배를 아껴주시는 장 상무님을 존경합니다."라는 말에 나는 목까지 넘어왔던 원망을 다시 삼키고 만다. (슬프게도) 나는 존경받고 싶은 대로 행동해야 하는 의무감을 느낀다.

'무언가 장점을 지니게 하고 싶다면, 그 장점을 등에 업도록 한다'라는 말이 있다. "다혜 씨는 항상 웃으니까 고객들이 좋아합니다."라고 계속 칭찬한다면 그녀는 우수한 서비스를 계속할 것이다. "이야기를 참 잘 들어주셔서 시간 가는 줄 몰랐어요."라면서 경청해 주길 바란다는 뜻을 전달했다면 훌륭한 대화 솜씨다. "자네는 디테일에 참 강하더라."라는 말은 세심하고 신중한 팀원으로 만드는 데 매우 효과가 크다. 상대가 '이런 사람이면 좋을 텐데'라는 희망 사항이 있다면, 그런 사람이 되어달라고 직접 부탁하거나 설득하기보다는 오히려 미리 라벨을 잘 붙여서 상대가 그런 사람이 되도록 유도하는 사람이 설득의 고수다.

# 부탁하라, 호감을 사려면
## 부탁과 요청의 마법

[문제] 김 코치는 금융회사 직원 심 과장을 코칭하고 있다. 심 과장은 최근 팀장과 오해

가 생겨 관계가 어색해져서 고민하고 있다. 김 코치는 "본인이 보기에 팀장과 관계를 회

복하려면 어떤 방법이 있다고 생각합니까?"라고 심 과장에게 질문하였다. 팀장과의 관

계를 회복하기 위한 다음의 방안 가운데 어떤 것이 가장 효과적일까?

**A** 사실 여부를 떠나 오해가 생긴 것에 대해 무조건 사과한다.

**B** 시간이 약이려니 하고 기다리며 관계가 회복되기를 기다린다.

**C** 팀장님이 갖고 있는 '재무 설계 기술' 자료가 필요한데
　　빌려줄 수 있느냐고 부탁한다.

요즘 내 일상을 가장 행복하게 만드는 사람은 김해인이다. 김해인은 직장에 다니는 엄마(내 딸)를 대신해서 우리 집에서 키우고 있는, 이제 30개월 된 외손녀 이름이다. 나는 강의 등 피치 못할 스케줄이 아니면 저녁 약속은 대개 선약을 핑계로 거절한다. 핑계가 아니라 '그녀와 놀아주는 것'이 선약인 셈이다. '놀아준다'는 말도 그녀 입장에선 좀 거슬릴 것이다. 함께 놀면서 내가 더 행복해하기 때문이다. 특별히 하는 것도 없다. 주로 그녀의 부탁을 들어주는 일이 내 주 임무다. 자기 손이 안 닿는 높은 곳에 있는 장난감이며, 냉동실의 아이스크림이며, 내 방 서랍 위에 놓여 있는 화장품 등 자기가 손에 넣을 수 없는 것이 있으면 내 손을 끌고 간다. 그러고는 자기 두 손을 번쩍 치켜올린다. 자기를 들어 올려달라는 뜻이다. 할머니나 엄마가 잘 안 주는 사탕을 꺼내달라고 할 때도 꼭 내 손을 잡아끈다. 무슨 부탁을 누가 잘 들어주는지를 꿰뚫고 있는 것이다. 그 대신 자기가 할 수 있는 일을 다른 사람이 참견하면 "싫어!" 하고 냉정하게 거절한다.

난 그녀에게서 참 많이 배운다. 그녀는 도움을 요청하는 일에 주저하는 법이 없다. 더구나 자기 부탁을 들어줄 사람을 나름대로 선별한다. 문제를 해결해 주고 나면 생글거리는 얼굴로 확실한 반응을 보여준다. 그녀는 어른들에게는 이미 퇴화하고 없는 인간관계의 기술을 고스란히 갖고 있다.

한 아이가 정원에서 놀고 있었다. 아이는 계속해서 커다란 화분을 들어 올리려고 애를 쓰고 있는데, 아무래도 불가능해 보였다. 아이의 이

마에서 땀이 삘삘 흐르고 얼굴은 붉게 달아올랐다. 정원을 나오며 그 모습을 지켜보던 아버지가 말했다. "너는 네 힘을 다 사용하고 있지 않구나." "아니에요. 저는 있는 힘을 다 쓰고 있어요. 더 이상은 할 수가 없어요." 아버지가 다시 말했다. "너는 나에게 도와달라고 하지 않더구나. 그것이 네 힘을 다 사용하지 않은 것이 아니고 무엇이냐?"

우리 주변에는 오로지 자신의 힘으로 모든 문제를 해결하려는, 그래서 '자기 힘을 다 사용하지 않는' 어른들이 매우 많다. 생각해 보면 내가 원하는 것의 대부분은 남이 갖고 있다. 승진도 상사가 시켜주는 것이고, 물건도 고객이 사줘야 하며, 좋아하는 갈비찜도 아내가 해줘야 한다. 내가 원하는 것들 대부분은 마음으로만 원하고 실제로 부탁하지 않으면 남이 알아서 해주지 않는다. 마음속으로 원하는 것과 그것을 직접 요청하거나 부탁하는 것은 전혀 다르다. 원하는 것을 얻을 수 있는 가장 좋은 방법은 도와달라고 직접 부탁하는 것이다.

미국의 자동차 왕 헨리 포드에게는 보험 사업을 하는 친구가 있었다. 친구는 어느 날 신문에서 포드가 가입한 보험증권에 대한 기사를 읽었다. 그는 포드에게 "도대체 왜 내 보험에는 가입하지 않는 거지?" 하고 따지듯이 물었다. 포드는 이렇게 대답했다. "자넨 보험 가입을 권유한 적이 없잖아."

포드는 당연히 친구가 무슨 일을 하는지 알고 있었을 것이다. 잘못은 알아서 도와주지 않은 포드가 아니라 영향력 있는 위치에 있으니 알아서 도와줄 것이라고 생각하고 도움을 요청하지 않은 친구에게 있다.

세상에는 도움을 요청하면 기꺼이 도와줄 사람도 많다. 상대의 도움이 필요하다면 "도와주시겠습니까?", "부탁드리겠습니다."라고 요청해야 한다. 가만히 있으면 아무도 움직이지 않는다. 말하지 않는데 어떻게 들리겠는가.

부탁과 요청의 마법은 이에 응답하는 사람과 기업에게 또 다른 성공과 행복을 낳는 기회를 만들어주기도 한다. 한 여성 고객이 몸이 아픈 어머니를 위해 자포스에서 신발을 샀는데, 불행히도 어머니는 며칠 지나지 않아 숨을 거두고 말았다. 장례를 치른 뒤 그녀는 이메일로 자포스에 신발을 반품할 수 있는지 물었다. 그러자 곧바로 자포스에서 답장을 보내왔다. 택배 직원을 집으로 보내 처리해 주겠다는 흔쾌한 응답이었다. 그게 끝이 아니었다. 자포스는 곧바로 다음 날 위로의 꽃다발과 카드를 보냈다. 카드에는 어머니를 잃고 실의에 빠진 여성을 위로하는 글이 적혀 있었다. 이 여성은 그때 받은 감동을 블로그에 올렸다. "감동 때문에 눈물이 멈추지 않았습니다. 지금까지 받아본 친절 중에서 가장 감동적인 것이었습니다. 혹시 인터넷에서 신발을 사려고 하신다면 자포스를 적극 추천합니다." 이 에피소드가 소개되면서부터 자포스는 전설적인 고객 서비스로 유명해졌다.

자포스에 이메일을 보낸 여성은 요청을 통해 반품에 성공했을 뿐만 아니라 그녀의 요청을 받아들인 자포스에게 탁월한 서비스를 자랑할 결정적 계기를 제공한 것이다.

## 꿩 먹고 알 먹는 '부탁의 힘'

내 오랜 지인인 이 사장은 10여년 동안 한 대기업 계열의 마케팅 리서치 전문 회사 사장을 맡다가 작년 말 퇴임했다. 그는 리서치 분야의 최고 전문가이기도 했지만, 거래처와의 친분 관계가 아주 돈독했다. 그런데 후임 사장은 기존 거래처와의 재계약에 어려움을 겪으면서도 그에게 도움을 요청하지 않았다. "나는 얼마든지 도와줄 마음이 있는데, 마치 적폐 청산하듯이 나를 멀리하고 있다."고 그는 섭섭해했다.

'당신의 도움이 필요합니다'라는 요청은 '나는 당신을 좋아합니다'라는 신호가 되기도 한다. 미국의 정치가이자 사업가인 벤저민 프랭클린(Benjamin Franklin)은 펜실베이니아주 의원 시절 한 가지 고민이 있었다. 사사건건 자신을 비방하고 적대시하는 한 라이벌 의원과의 불편한 관계 때문이었다. 프랭클린은 불화를 해소하고 관계를 개선하고 싶었지만, 그렇다고 비굴하게 자세를 낮춰 다가가거나 선물이나 기타 물질적 호의를 통해 호감을 사고 싶은 마음도 없었다. 고민 끝에 프랭클린은 아주 사소한 부탁으로 그에게 먼저 다가가기로 했다. 라이벌 의원에게 편지를 써서 당신이 소장한 책을 꼭 읽고 싶으니 일주일만 빌려달라며 깍듯하게 요청한 것이다. 평소 자신이 그토록 싫어하고 몹시 불편하게 생각했던 프랭클린이 책을 빌려달라고 하자 의원은 당황한다. 그의 요구대로 선뜻 책을 내주자니 평소 자신의 생각과 행동과 맞지 않는 것 같고, 그렇다고 그깟 책 한 권을 안 빌려주자니 너무 속이 좁은 것 같고…. 결국 의원은 책을 빌려 주었고, 프랭클린은 일주일 뒤에 감사의 글과 함께 책을 돌려주었다.

프랭클린은 후일 '사람은 호의를 받았던 사람보다 자신이 호의를 베풀었던 사람을 더 좋아한다'라고 정리했는데, 이것을 '프랭클린 효과'라고 한다. 프랭클린 효과는 훗날 미국의 심리학자 존 제커(John Jecker)와 데이비드 랜디(David Landy)의 실험으로도 증명되었다. 연구팀은 참가자들에게 모의 콘테스트를 열고 우승한 대가로 꽤 많은 상금을 준 다음 다시 상금을 돌려달라고 부탁했다. 사비를 털어 콘테스트를 열었는데 가진 돈이 다 떨어졌다고 설명했다. 이때 참가자들을 두 그룹으로 나누어 A그룹에는 연구 조교가 직접 다가가 "개인 돈으로 콘테스트를 진행하고 있는데, 돈이 부족해 중단할 위기에 있으니 받은 돈을 돌려주시겠습니까?"라고 부탁했다. B그룹은 돈을 돌려달라는 요청을 받지 않았다. 실험이 끝나고 참가자들은 연구 조교를 얼마나 좋아하는지에 대한 질문지를 작성했다. 실험 결과 돈을 돌려달라는 부탁을 받은 사람들이 부탁을 받지 않은 사람들보다 더 호의적으로 연구 조교를 평가했다. 따라서 서두 [문제]의 경우 각자 생각이 다를 수 있겠지만 C도 효과적인 전략임에 틀림없다.

부탁을 들어준 상대에 대해 호감을 갖는 이유는 심리학에서 말하는 '인지부조화'로 설명할 수 있다. '인지부조화'는 심리적 갈등이 생기면 그 갈등을 해소하기 위해 행동이나 생각을 스스로 변화시키는 것을 말한다. 의원은 심리적으로 프랭클린을 미워해야 하는데 행동으로는 그에게 책을 빌려주는 호의를 베풀어줌으로써 모순이 생긴다. '그는 나와

앙숙인데 내가 왜 책을 빌려주었을까?', '그는 나쁜 사람이 아닐 수도 있지 않을까?'라는 내적 갈등이 일어난다. 결국 그 갈등을 해결하기 위해 프랭클린에 대한 악감정을 걷어내고 자신의 친절한 행동을 합리화하게 된다. 부언하자면 그 후 두 사람은 죽을 때까지 각별한 우정을 나눴다고 한다.

또 다른 이유는, 그 사람의 부탁을 들어주는 과정에서 자기 스스로에 대해 느끼는 유능감과 효능감의 욕구가 채워지기 때문이다. 2년 전에 내 수업을 들었던 학생에게서 갑작스러운 전화를 받았다. 이번에 K은행에 입사 시험을 치르고 경영진 면접을 앞두고 있는데, 조언을 구하려고 전화했다는 것이었다. 내가 면접관을 해본 경험을 바탕으로 30여 분 정도 이런저런 이야기를 해주었더니 "정말 감사합니다."라며 전화를 끊었다. 이처럼 제자나 직장 후배의 부탁을 들어줄 수 있을 때는 무척 기분이 좋아진다. 반대로 내가 도와줄 입장이었거나 힘이 되어줄 수 있었는데 아무 부탁도 안 하고 지나간 사람도 있다. 나중에 그런 사실을 알았을 때는 이미 늦었을 때다. 이때 우리는 "나한테 부탁하지 그랬어." 하며 아쉬워한다.

물론 부탁하기를 망설이는 데는 이유가 있다. 거절에 대한 막연한 두려움 때문이다. 거절당하면 자존심이 상하고 마음에 상처를 받는다. 우리는 누군가의 요청을 수없이 거절하면서도 정작 자신은 상대방으로부터 절대로 거절당하면 안 된다고 생각하는 것이다. 거절이라는 자극에 대해 어떤 반응을 보일 것인지는 전적으로 나 자신에게 달려 있다.

2019년 연말에 《당신이 서비스다》라는 기프트북(giftbook)을 출간
했다. 주로 사장이나 임원이 연하장을 대신해서 직원이나 고객에게 주
는 선물용 책이다. 모 회사의 Y회장님에게 보낼 편지에 "읽어보시고
내용이 좋으면 직원들에게 많이 선물해 주시면 감사하겠습니다."라고
'겸손하게' 썼다가 다시 문구를 수정했다. "직원들에게 이 책을 선물해
주시면 저에게는 가장 큰 새해 선물이 됩니다. 부탁드립니다."라고 고
쳤다. 훨씬 간절하고 강도가 세게 말투를 조절한 것이다.

부탁하는 것도 이처럼 미리 연습해 보아야 한다. 특히 세일즈의 시작
은 '부탁한다'는 행위 그 자체이다. 부탁하는 행위를 자연스럽게 할 수
있게 된 이후에야 다른 세일즈 테크닉이 통하기 때문이다. 우선은 부탁
하기 쉬운, 즉 부탁을 들어줄 가능성이 높은 사람을 상대로 연습해 보
는 것이 좋다. 음식점에서 "접시 하나만 더 부탁합니다."라고 말하거나
"괜찮다면 창가 쪽 좌석으로 옮겨도 될까요?"라고 사소한 것부터 시작
한다. 직원이 "저쪽 자리로 앉으시지요."라고 할 때 "저쪽보다 창가 쪽
이 마음에 드는데, 괜찮을까요?"라고 부탁하면 된다. "아, 네. 그럼 그렇
게 하세요."라는 대화가 오갔다면 상대방이 내 요청을 들어주었을 때
의 '반응'이 확실해야 한다. "야경이 정말 좋네요. 고맙습니다." 같은 말
을 꼭 덧붙여야 한다. 어려운 부탁을 들어준 경우에는 더 확실하게 감
사하며 반응해 줘야 한다.

나는 컨설팅이나 강의를 하면서 직장인이나 학생들에게 자료를 부
탁받기도 한다. 그런데 도움을 받고 나서는 전화 한 통도 없는 경우도

있다. 그런 사람이 나중에 내게 다시 부탁을 한다면 내가 들어줄 리가
있을까.

'프랭클린 효과'는 다양한 분야에서 인간관계를 맺어나가는 우리에
게 시사하는 바가 크다. 우리는 이러저러한 이유로 우리를 좋게 생각하
지 않는 동료나 상사, 고객으로부터 도움을 받아야 할 일이 종종 생긴
다. 그런데 그들이 우리를 더 싫어하게 될까 봐 부탁하기를 꺼려한다.
물론 껄끄러운 사람에게 부탁을 하는 것은 대단한 용기가 필요한 일이
다. 그러나 조금 뻔뻔스러울 정도로 먼저 손을 내밀고 용기 있게 도움
을 요청해 보는 것이다. "지점장님, 한 가지 부탁드릴 것이 있습니다.",
"교수님의 조언을 듣고 싶습니다.", "이번에는 김 사장님의 도움이 꼭
필요합니다!"

목표를 이루고자 하는 사람은 부탁에 익숙하다. 내 부탁을 들어주고
나면 상대의 나에 대한 호감도까지 더 높아지게 될 것이다. 일단 저질러
보는 것이다. 최악의 일이 일어난다고 해 봤자 별로 잃을 것은 없다.

# 순서를 바꾸면 결론이 달라진다

### 언어의 순서 효과

[문제] 장 교수는 대학생들의 행복도에 대한 주제로 논문을 준비하고 있다. 학생들에게 다음과 같은 순서대로 질문하여 '데이트 횟수와 행복도와의 상관관계'를 알아보려고 한다. 아래 두 가지 유형의 질문 중 상관관계가 더 높게 나올 것으로 예상되는 질문은?

**A** ○ 요즈음 당신은 얼마나 행복한가?
　　○ 지난달 데이트 횟수는 얼마나 되는가?

**B** ○ 지난달 데이트 횟수는 얼마나 되는가?
　　○ 요즈음 당신은 얼마나 행복한가?

"좋은 소식 하나와 나쁜 소식 하나가 있는데, 어느 것부터 들을래?"

우리가 흔히 듣는 제안이다. 순서를 바꾼다고 행복과 불행의 총합이 달라지지는 않지만, 그래도 많은 사람들은 나쁜 소식을 먼저 고른다. 좋은 얘기를 먼저 고르면 나쁜 얘기가 앞의 기쁨을 덮어버리기 때문이다. 회사에서 일할 때도 순서가 있듯이 말을 할 때도 순서가 중요하다. 사람의 심리가 생각보다 아주 섬세하기 때문에 같은 의미의 말이라도 어떤 말을 먼저 하느냐, 어떻게 질문지를 배열하느냐에 따라서 전혀 다른 결론에 도달할 수 있기 때문이다. 이를 심리학자들은 '언어의 순서 효과'라고 부른다. 미국에서 실시한 한 조사 결과도 이런 순서 효과를 잘 증명해 주고 있다.

"우리나라의 이혼은 제도적으로 더 쉬워져야 할까? 더 어려워져야 할까? 현 수준이 유지되어야 할까?"

1) 더 쉬워져야 된다.

2) 더 어려워져야 된다.

3) 그대로 놔둬야 된다.

이렇게 질문을 배열하자 3번을 선택한 사람이 41%로 제일 많았다.

하지만 똑같은 질문을 주고 '1) 더 쉬워져야 된다', '2) 그대로 놔둬야 된다', '3) 더 어려워져야 된다' 순서로 배열했더니 이제는 '더 어려워져야 된다'라는 대답이 가장 많이 나왔다. '제일 중요한 것은 맨 마지막에 나올 것이다'라고 생각하는 사람들이 많았던 것이다. 사람들의 생각이 늘 일관성 있고 합리적인 것은 아니라는 사실을 잘 보여주는 사례다.

국내 은행과 외국계 은행 근무 시절에 내가 담당했던 업무의 2/3 정도는 고객 서비스와 마케팅 관련 업무였다. 따라서 고객을 대상으로 한 만족도 조사나 마케팅 리서치 관련 설문 조사를 꽤 많이 수행했다. 당시 고객만족도 조사 결과는 부서장인 내 핵심성과지표(KPI)에도 중요한 비율을 차지하고 있었고, 담당 임원과 모든 팀원이 고객만족도 지수(CSI)에 신경을 곤두세웠다. 고객만족도 조사의 마지막 질문은 "은행의 전반적인 서비스에 대해 얼마나 만족하십니까?"로, 전반적인 만족도를 묻는 항목이었다. 맨 뒤에는 보통 "칭찬하고 싶은 서비스나 친절한 직원을 추천해 주십시오."라는 내용이 있었다. 어느 해 조사에서 나는 두 설문의 순서를 바꾸었다. 칭찬하고 싶은 서비스를 먼저 적게 한 후에 전반적인 만족도를 체크하게 한 것이다. 지금에서야 고백하건데 여기에는 고객만족도 점수를 높이기 위한 치밀한 의도(?)가 들어 있었다. 설문 순서를 바꿈으로써 고객은 전반적인 만족도를 평가하기 전에 '칭찬하고 싶은 서비스나 친절한 직원'을 자연스럽게 떠올렸을 것이고, 이는 자연스럽게 전반적인 만족도를 높게 매기는 데 어느 정도 기여(?)했을 것이기 때문이다. 일종의 '점화 효과(priming effect)'를 노린 것이다.

점화 효과란 어떤 정보가 잘 회상될 수 있도록 활성화시키는 것으로, '먼저 본 정보'로 인해 '다음에 오는 정보'를 해석할 때 영향을 받게 되는 현상을 말한다. 물리적으로 따뜻함을 느낀 사람은 상대방에게 심리적으로도 따뜻한 반응을 보인다. 따라서 상대방에게 뭔가를 부탁할 때는 먼저 물리적으로 따뜻하게 만드는 것이 대단히 중요하다. 그럼 무더운 날 고객과 상담한다면 어떻게 해야 할까. 에어컨으로 더위가 가시게 한 다음에는 그래도 따뜻한 차나 커피를 대접하는 것이 좋다. 점화 효과를 통해 소비자의 마음을 마케팅에 접목하는 사례는 우리 주변에 수두룩하다. 마트에서 고객이 더 오래 머물게 만드는 비결은 느린 템포의 음악을 틀어주는 것이다. 반면 카페에서는 사람들이 빨리 먹고 빨리 일어서게 하려고 빠른 템포의 음악을 들려준다. 9시 뉴스 직후에 코카콜라는 절대 광고를 하지 않는 원칙을 갖고 있다. 뉴스란 일반적으로 좋지 않은 일이나 심각한 사건들로 가득한데, 그렇지 않아도 당분이 많아 부정적인 이미지인 음료를 뒤따라 광고하면 더 악영향을 미칠 수 있다는 심리적 요인을 고려한 전략인 것이다.

서두의 [문제]는 대니얼 카네먼이 쓴 《생각에 관한 생각》에 나오는 내용을 그대로 옮긴 것이다.


요즈음 당신은 얼마나 행복한가?
지난달 데이트 횟수는 얼마나 되는가?


독일의 젊은 학생들을 대상으로 한 이 연구에서 실험자들은 두 질문의 대답 사이의 상관관계를 확인해 보고 싶었다. 데이트 횟수가 많다고 대답한 학생들은 적다고 대답한 학생들보다 더 행복할까? 놀랍게도 결과는 그렇지 않았다. 두 대답의 상관관계는 11%에 불과했다. 자신의 행복도를 평가하라는 요청을 받았을 때 학생들이 가장 먼저 떠올린 것은 데이트가 아니었기 때문이다. 실험자들은 또 다른 집단의 학생들에게도 똑같은 질문들을 보여주면서 이번에는 순서를 반대로 바꿨다.

지난달 데이트 횟수는 얼마나 되는가?
요즈음 당신은 얼마나 행복한가?

그러자 데이트 횟수와 행복도의 상관관계는 62%까지 높아졌다. 첫 번째 질문과 두 번째 질문의 개념은 분명히 다른 내용이다. 그러나 데이트라는 로맨틱한 일을 생각해 보라는 질문을 받은 학생들은 감정적인 반응을 일으켰다. 데이트를 자주 한 학생들은 행복했던 순간을 상기한 반면, 데이트 경험이 전혀 없는 학생들은 외로움을 느꼈던 기억을 떠올렸다. 데이트 횟수를 묻는 질문으로 인해 생긴 감정은 여전히 머릿속에 잔상으로 남아 일반적인 행복감을 묻는 질문에도 영향을 미친 것이다. 앞서 언급한 내 사례의 경우에도 순서 효과로 조사 결과에 영향을 미쳤을 것으로 짐작된다.

## 단점 먼저, 장점은 나중에

사람들은 내가 교사 출신이라 명강사(?)가 된 줄 안다. 물론 6년간의 교사 경험과 대학에서 배운 교육학 이론 덕도 있겠지만, 강사로서 가장 날 성장시킨 배경은 은행 연수원 교수 시절의 현장 코칭 경험이었다고 생각한다. 그때는 '임점 연수'라고 해서 낮엔 직원들과 함께 창구에서 근무하고 일과 후에는 그날 있었던 일을 서로 토론하면서 개선점을 찾아내는 코칭 방식이었는데, 오랜 세월이 지난 지금도 강의에서 인용할 만큼 기억에 생생한 사례가 많다. 서울 어느 지점에서 겪은 일이다. 창구 직원은 고객에게 청약예금을 권유하면서 늘 이렇게 설명하는 것이었다. "청약예금은 정기예금인데, 아파트 청약권이 있지만 금리가 다소 낮은 편입니다." 그날 저녁 강의에서 나는 직원들에게 이렇게 대화의 순서를 바꾸어 권유하자고 제안했다. "청약예금은 금리는 다소 낮은 편이지만, 아파트 청약권이 있습니다." 그리고 또 하나의 장점을 덧붙이자고 했다. "정기예금에 비해 이자는 1년에 몇만 원 정도 덜 받지만, 그 대신에 청약권으로 아파트에 당첨되면 프리미엄이 몇억이 넘습니다."라고.

앞서 언어의 순서 효과에서 문장과 설문의 배열 순서가 중요하다고 했듯이 한 문장 안에서도 내용의 순서는 의사 결정에 상당한 영향을 미친다. 결론적으로 고객이 우리의 상품을 긍정적으로 생각하게 하려면 장점을 뒤에 말하는 것이 더 효과적이다. 단점이라도 솔직하게 말하되 장점을 극대화시키는 쪽으로 말해야 한다. 이처럼 단점과 부정적인 면을 먼저 말하고, 나중에 장점과 긍정적인 면을 부각시키는 것을 '마이너스(-), 플러스(+) 화법'이라고 부르기도 한다. 그런데 내 동료는 고객에게 '플러스, 마이너스 화법'을 구사하고 있었던 것이다.

> "이 상품은 가격은 조금 높지만(-) 품질이 월등합니다(+)."(○)
> "이 상품은 품질은 월등하지만(+) 가격이 조금 비싼 편입니다(-)."
> (×)

이때 장점을 하나 더 추가하여 "거기에다가 무상 보증 기간이 두 배나 더 깁니다."라고 말한다면 이를 '마이너스, 더블 플러스 화법'이라 할 수 있을 것이다. 장점을 두 개나 덧붙였으니 말이다. 이는 고객 상담뿐만 아니라 면접 인터뷰나 일상 대화에서도 그대로 적용된다.

> "팀장님은 후배에게 냉정할 때도 있지만 그래도 배울 점이 많습니다."(○)
> "팀장님은 배울 점은 참 많지만 냉정한 분입니다."(×)
> "합격률은 조금 낮지만 지금 성적으로 네가 원하는 대학에 지원해도 될 것 같다."(○)
> "지금 성적으로 네가 원하는 대학에 지원해도 될 것 같다. 합격률은 조금 낮지만."(×)
> "저는 안경 쓴 사람은 별로 좋아하지 않는데, 안경 쓴 모습도 너무 아름답네요."(○)
> "너무 아름다우세요. 하지만 저는 안경 쓴 사람은 별로 좋아하지 않

아요."(×)

사람은 누구나 약점과 단점을 갖고 있기 마련이다. 만약 이를 면접 때 털어놓아야 한다면 언제 말하는 게 좋을까? 결론은 처음에 얘기하는 것이 낫다. 한 연구에 따르면 법정에서 변호사가 변론을 할 때도 용의자의 약점을 뒤에서 얘기하는 것보다는 먼저 이야기하는 것이 변론의 신뢰도를 높여주는 것으로 나타났다. 앞에서 얘기하면 정직한 사람이 되지만, 뒤에서 얘기하면 숨기는 사람이 되기 때문이다. 인생 스토리도 '문제아에서 장학생이 되었다' 하는 식으로 장점이나 성공을 뒤에서 이야기하는 것이 효과적이고 깊은 인상을 남긴다.

## 말의 속도감도 중요하다

말을 재미없게 하는 사람들은 공통적으로 목소리가 작고, 높낮이가 없고, 비슷한 속도로 말하는 경우가 많다. 이런 말투는 무미건조하게 들릴 것이고, 당연히 듣는 사람이 지루해할 것이다. 상대방에게 메시지를 잘 전달하기 위해서는 중요한 부분을 말할 때는 목소리를 크게 해야 한다. 그렇다고 모든 말을 크게 하라는 것은 아니다. 내용의 중요도에 따라 목소리의 크기를 변화시키는 것이 중요한데, 예를 들면 가장 중요한 부분에서는 목소리를 가장 크게 내는 것이다. 보통 발라드 가수가 노래를 부를 때 처음에는 속삭이듯 잔잔하게 부르다가 절정 부분에 가서는 절규하듯 소리를 크게 내어 부른다. 음악을 잘 표현하기 위해서 강하게, 여리게, 점점 크게, 점점 작게 등의 음악 기호가 있는 것처럼 다양한 스피치 상황에서도 목소리의 강약 조절이 필요하다.

말의 속도감도 못지않게 중요하다. 말의 속도가 일정하면 글을 읽는 것처럼 부자연스럽게 느껴진다. 긴박한 상황은 빨리 말하고, 중요한 부분은 천천히 말하는 것이 설득 효과가 높다. 상대가 지루해하는 기색이 있으면 속도감을 높여 빠르게 말해야 한다. 대화법에서도 순서가 중요하다. 말의 속도나 순서, 설문을 어떻게 배열할 것이냐가 또 다른 커뮤니케이션 기법이 된다는 점을 잊지 말기 바란다.

# 이야기는 힘이 세다

Fact tells, but story sells.

[문제] 다음은 아프리카를 위한 기부 활동 참여를 유도하는 편지 문구이다. 기부금을 모으는 데 더 효과적인 문구는?

**A** ○ 300만 명 이상의 말라위 어린이들이 식량 부족으로 고통
  ○ 심각한 폭우로 인해 잠비아는 곡물 생산이 42% 감소,
    약 300만 명의 잠비아인들이 기아로 사망할 위험
  ○ 400만 명의 앙골라인들이 고향 땅을 버리고 이주
  ○ 1,100만 명 이상의 에티오피아인들에게 즉각적 식량 원조 필요

**B** ○ 여러분이 기부하신 돈은 아프리카 말라위에 사는 일곱 살 소녀 로키아
를 돕는 데 사용됩니다.
로키아는 매우 가난하며, 끔찍한 굶주림에 시달리고 있습니다.
○ 여러분의 작은 손길 하나가 로키아의 삶을 바꿀 수 있습니다.
여러분의 도움으로 우리 보호재단은 로키아를 먹이고, 입히고, 교육하
고, 기본적 의료 혜택을 제공할 것입니다.

문제가 너무 쉬워서 정답부터 이야기하겠다. 모두 짐작했겠지만 정
답은 B이다. 2009년 미국 카네기멜론대학 연구팀은 기부에 관한 흥미
로운 비교 연구를 진행했다. 연구팀은 실험 참가자들에게 가전제품에
관한 설문 조사를 한 뒤 그 대가로 5달러를 지급했다. 그런데 5달러를
그냥 준 것이 아니라, 편지 한 통을 함께 넣었다. 세계 어린이를 위한 자
선단체에 약간의 돈을 기부해 달라는 편지였다. 편지는 두 가지 형식으
로 작성되었다. 그 두 가지 형식이 바로 위의 문제였다. A편지는 재난
상황에 대한 통계 데이터를 제시한 것으로, 이 편지를 읽은 사람은 평
균 1.14달러를 기부했다. B편지는 로키아라는 소녀 이야기로, 이 편지
를 읽은 사람들은 무려 2.38달러나 기부했다. 300만 명의 아이가 기아
로 목숨을 잃게 된다는 치명적인 데이터보다 한 아이의 삶을 그대로 드
러낸 편지가 더 사람의 마음을 움직인 것이다.
왜 그랬을까? 소녀의 몸 위에 '스토리'라는 황금빛 망토를 입혀주었
기 때문이다. A편지는 데이터를 근거로 논리적으로 주장함으로써 '진

짜 그런가?'라는 사람의 이성을 건드렸지만, B편지는 '그렇게 힘든데 이거 몇 달러라도'라는 뇌리에 확 달라붙는 감성을 건드렸다. 사람이 행동하게 하는 데는 이처럼 감성이 매우 큰 역할을 하는데, '스토리라는 황금빛 망토를 입혀야' 사람이 감성적으로 변한다는 것이다. 'Fact tells, but story sells.'라는 말이 있다. 사실(fact)은 전달되지만 스토리(story)는 팔린다. 그래서 '설동설(舌動說)'의 시대라는 말이 생겼을 정도다. 인간이 살아가는 지구는 태양 주위를 도는 것(지동설)이 아니라, '이야기를 중심으로 돈다'는 것을 재미있게 표현한 것이다.

사람들은 통계나 과학보다 신화나 이야기를 좋아한다. 영화나 소설을 통해 이야기를 즐기고, 새로운 이야기를 만드는 것을 좋아하고, 남에게 들려주길 좋아하며, 재미있는 이야기를 듣길 좋아한다. 진화심리학자들은 인간의 뇌가 이야기를 좋아하는 것은 타고난 특질이라고 말한다. 오랜 과거로 거슬러 올라가면 인간이 주변 환경의 위험이나 보상에 대해 알 수 있었던 방법은 두 가지였다. 하나는 직접 경험하는 것이었고, 다른 하나는 믿을 수 있는 사람에게서 이야기를 듣는 것이었다. 이는 오늘날에도 별반 달라지지 않았다. 가까운 친구의 이야기가 여전히 중요하고, 경험자가 들려주는 한마디가 고도의 계산 과정을 거쳐 나온 데이터보다 더 큰 위력을 발휘한다. 다이어트 보조 식품을 복용한 사람들의 90%가 체중 감량에 성공했다는 통계보다 한 여성의 개인적인 이야기에 더 귀를 기울이게 되는 것도 이 때문이다.

## 고객 상담에도 황금빛 망토를 입혀라

기업에서 제품이나 서비스를 출시해서 세상 사람들의 주목을 받기란 하늘의 별 따기다. 그래서 마케터나 영업사원들은 거기에 이야기를 덧붙여 매력을 만들어낸다. 이야기가 재미있고 공감할 만한 것이면 사람들은 비로소 그 제품에 주목하기 시작한다. 뛰어난 이야기는 작품의 주인공과 정서적 일체감을 조성하여 제품에 대한 호감을 유발한다. 세계적 생수 회사 에비앙이 바로 그런 경우이다. 신장결석을 앓았던 한 후작이 알프스의 작은 마을 에비앙의 우물물을 마신 후 병이 깨끗하게 나았다는 이야기 덕분에 밍밍한 맛의 에비앙은 단숨에 명품이 되었다. 원래 신장결석은 아무 물이든 많이 마시면 낫기도 하는 병이다. 그러나 사람들을 움직인 것은 이성적 논리가 아니라 감성적 스토리였다.

수년 전, 나는 매실로 유명한 전남 광양의 매화마을에 강의하러 간 적이 있다. 그때 맺은 홍쌍리 여사와의 인연으로 매실 장아찌며 된장을 주문하여 먹기도 하고, 고객들에게 선물하기도 했다. 은행 지점장 시절 우리 지점 냉장고에는 매실 장아찌며 된장, 잼이 그득했다. 나는 고객들에게 선물을 주면서 섬진강변 매화마을에서 홍 여사가 청매실농장을 열게 된 사연, 매실이 건강에 좋은 점. 그리고 내가 인연을 맺은 이야기를 소개하면서 "홍 여사가 직접 보내준 매실을 사모님 생각이 나서 따로 보관했는데, 오늘 드리게 되어 기쁩니다."라는 인사말을 덧붙였다. 시중에서 2만 원만 주면 구입할 수 있지만, 이런 이야기를 담은 선물은 가격으로 따질 수 없는 의미와 가치를 지니게 된다. '장 지점장이

홍 여사한테 받은 것인데, 나를 위해 특별히 보관했다가 준 정성스러운 깜짝 선물'이 되는 것이다. 나는 이 이야기를 강의 때도 자주 인용하곤 한다.

그런데 왜 나는 특정 제품을 남들에게 알려주는 데 이렇게 적극적일까? 사람들이 그 제품의 좋은 점을 행여 놓칠까 봐? 물론 그런 면도 약간 있다. 그러나 더 큰 이유는 사실 내 자랑을 하고 싶은 것이다. '나 유명한 강사라서 섬진강변까지 다녀왔다. TV에 여러 번 출연했던 홍쌍리 여사와도 개인적으로 친분이 있는 사이다'라는 것을 은연중 과시한 것이다. 즉, 입소문이 일어나는 이유는 그걸 이야기하는 사람 자신이 매력적으로 보이기 때문이다. "너 아직 그 연극 안 봤니? 꼭 봐!"라는 말은 "네가 그 연극을 못 볼까 봐 정말 걱정된다. 놓치지 말고 꼭 봐라." 라는 뜻이 아니라 "내가 그 연극을 볼 만큼 교양이 넘치며, 윤택한 문화생활을 즐기고 있다."라는 은근한 과시가 들어 있는 것이다. 진화심리학자들은 이야기가 마치 전염병처럼 급속도로 퍼지는 이유를 이것으로 설명하고 있는데, 상당히 일리 있는 주장이다

꼭 상품과 브랜드에만 스토리를 담아내는 것은 아니다. 고객 상담에도 활용할 수 있을 것이다. 한번은 S화재 강의 때 인연을 맺은 지점장이 내게 보험 상품을 권유하길래 "그럼 직원을 보내세요."라고 했다.

"어떤 노부부가 교회 부흥회에 참석했습니다. 예배 끝 무렵 목사님이 이렇게 말했죠.

'성령님이 치료하실 겁니다. 병든 곳에 손을 대고 기도하시기 바랍니

다.'

할아버지는 좋은 기회라 여기며 자신의 소중한 곳에 손을 대고 기도하기 시작했습니다. 그러자 할머니가 이렇게 말했습니다.

'영감! 병든 곳에 손을 대라고 했지, 누가 죽은 곳에 손을 대라고 했어요?'

교수님, 죽은 사람을 살리는 건 부활이고, 병든 사람을 고치는 건 재활입니다. 이 보험은 재활에 관련된 상품입니다."

내가 S화재 직원에게 "이게 어떤 보험입니까?"라고 물었을 때 그가 해준 설명인데, 제대로 스토리라는 황금빛 망토가 입혀진 상담 화법이다.

## 우리 뇌가 좋아하는 이야기는 수다와 비슷하다

TV를 보면 유명한 사람이나 사연을 가진 사람들이 출연해서 한바탕 수다를 늘어놓는 프로그램이 많다. 수다를 잘 떠는 연예인들이 여기저기에 출연하는 것을 볼 수 있으며, 프로그램의 제목이 아예 '~수다'인 경우도 있다. 이 프로그램에서 가장 대우받는 사람은 수다를 제일 잘 떠는 사람들이다. 인기도 많고, 출연료도 많이 받는다. 사람은 태어나서 죽을 때까지 수다를 떤다. 과거에는 여성들의 전유물처럼 생각했던 수다는 이제 남성들도 즐긴다. 나아가 성공하기 위해 갖추어야 할 커뮤니케이션 능력으로 인정되고 있을 정도이다. 특히 젊은 연인들은 상대가 과묵하고 재미있지 않으면 헤어질 가능성이 높다. 이제 사람들은 수다의 긍정적인 면에 주목하기 시작했다.

우리 뇌가 좋아하는 이야기는 수다와 비슷하다. 미국 미시간대학에서 흥미로운 실험을 한 적이 있다. 한 그룹은 가볍고 재미있는 수다, 다른 한 그룹은 심각한 토론을 30여 분 동안 나누게 한 뒤, 뇌에서 어떤 변화가 일어났는지를 측정한 것이다. 두 그룹의 뇌를 촬영한 결과, 가벼운 수다를 나눈 그룹의 전전두엽은 빨갛게 활성화되어 있는 반면, 심각한 토론을 나눈 그룹에는 거의 변화가 없었다. 시험을 치른 결과도 수다를 나눈 그룹이 15%포인트 가까이 높게 나왔다.

마음이 열리지 않으면 불가능한 것이 수다의 특징이다. 커피숍에 모여 수다 떠는 아줌마들을 예로 들어보자. 이분들의 특징은 한 얘기를 하고 또 한다는 것이다. 특별한 내용이 없다. 그러면서도 헤어질 때면 '자세한 얘기는 다음에 만나서' 하자며 못내 아쉬워한다. 수다의 핵심은 마음을 주고받는 것이다. 뇌가 좋아하는 것도 이것이다. 우리 뇌는 데이터 같은 정보보다는 다른 사람의 마음에 더 관심이 많다. 그래서 껄끄러운 사람이 갑자기 나타나면 말수가 줄어들면서 분위기가 확 바뀐다. 마음을 열지 않기에 수다가 불가능해지는 것이다. 하버드 비즈니스 스쿨의 연구 결과에 의하면 낯선 사람에게 핸드폰을 빌릴 경우 "핸드폰 좀 빌려주시겠어요?" 앞에 "비가 와서 날이 좀 그렇네요."라는 한 문장을 더했을 때 핸드폰을 빌릴 확률이 446%나 높았다.

몇 년 전 내 수업을 듣는 50여 명의 대학원 학생들에게 내 개인 메일로 과제를 제출하도록 한 적이 있다. 당시 대학의 과제물 제출 시스템에 피드백 기능이 따로 없어서 개인 메일로 몇 줄씩이라도 답장을 해

주고 싶어서였다. 그런데 마감일에 한꺼번에 제출한 수십 명의 학생들에게는 3~4줄 정도로 짧게, 그리고 미리 일찍 제출한 소수의 학생들에게는 5~10줄 정도로 길게 답신을 했다. 이메일의 내용은 별것 없었다. "작성하느라 수고했다.", "리포트의 ~한 내용이 신선했다.", "수업 시간에 발표를 잘해줘서 고맙다.", "지난번 신입생 환영회 때 보니까 노래 솜씨가 보통이 아니었다." 등이었다. 그런데 내 답장 메일과 관련하여 '사건'이 터졌다. 학생들끼리 어느 날 모여 함께 밥을 먹으면서 '장교수가 자기에게 보낸 답장이 몇 줄이었느냐'를 서로 공개하며 화제로 삼은 것이다. 몇몇 학생들은 몇 줄밖에 쓰지 않은 나의 무성의한 이메일에 대해 항의(?)했다. 이메일의 내용은 학생들과 내가 나눈 일종의 수다였다. 마감 기한에 한꺼번에 쏟아져 들어온 메일에는 서너 줄씩밖에 답장하지 못했던 것이다. 학생들은 '몇 줄이었느냐'를 자기에 대한 친밀감과 관심으로 간주해 내 마음을 평가한 것이었다.

협상을 앞두고 상대방과 점심을 함께 하거나 커피를 마시면서 10분만이라도 개인적인 대화를 통해 업무 외적으로 개인적 유대를 쌓아나가는 것이 좋은 방법이 될 수 있다. 협상하기 전의 적절한 수다는 협상결과에 상당한 영향을 미치기 때문이다. 이는 얼굴을 마주할 수 없는 이메일에서도 마찬가지이다. 행동과학자인 돈 무어(Don Moore) 미국 카네기멜론대 교수 연구팀은 협상을 앞둔 당사자들에게 일종의 자기노출 시간을 갖게 했다. 비록 온라인상이긴 하지만 협상과 관련 없는 주제를 놓고 수다를 떨고 나면 서로에 대해 조금이라도 알게 될 것이라는 생각에서였다. 연구팀은 미국의 유명 경영대학원 두 곳에 등록한 학생들을 선택해 짝을 지어준 다음 이메일을 통해 거래 협상을 하게했다. 그중 절반에게는 단순히 협상만 하라고 했고, 나머지 절반에게는 상대의 사진과 출신 대학, 관심사 등의 신상 명세를 알려준 다음 협상 전에 이메일을 통해 서로를 알아보는 시간을 가지라고 했다. 그 결과, 아무런 정보 없이 협상에 들어간 학생들은 29%가 합의를 도출하지 못했다. 그에 비해 사전 정보를 통해 '개인적' 관계를 맺어놓은 학생들의 경우 협상 과제를 해결하지 못한 비율이 6%에 불과했다. 얼굴을 드러내지 않는 온라인에서라도 수다와 같은 행동을 통해 개인정보를 교류하며 인간적 교감을 나누게 되면 협상 성공률이 크게 높아진다는 사실을 알 수 있다.

나는 수협에 자주 강의를 가면서 많은 직원들과 인연을 맺고 있다. 한번은 고향 바닷가에서 자란 어린 시절 이야기를 했다. "어머니에게 '담에 커서 김 양식하는 옆동네 처녀한테 장가갈 거야, 김 실컷 얻어먹을 수 있게.'라고 했더니 어머니가 그러시더군요. '뭐 그럴 필요가 있느냐. 돈 많이 벌어서 김을 마음껏 사먹으면 되지.'" 이런 에피소드를 이야기한 덕택에 수협 직원들은 김을 지금도 박스째로 보내주곤 한다. 다른 사람의 기억에 남는 인상적인 나만의 에피소드는 다른 사람의 마음을 움직인다. 원래 인간은 논리적인 개념이나 추상적인 교훈은 잘 이해하지 못한다. 그러나 에피소드는 매우 구체적이고 선명한 인상을 줄 수 있다. 에피소드는 또 다른 묘미가 있는 스토리텔링이다.

상품은 고객이 얻고자 하는 가치의 일부에 지나지 않는다. 앞을 내다보는 영업인이나 서비스맨이라면 눈에 보이는 상품의 가치보다는 '눈에 보이지 않는 가치와 스토리'에 더 초점을 맞추어야 한다. 수다도 중요한 커뮤니케이션 능력이다. 우리 뇌가 좋아하는 이야기는 바로 수다이기 때문이다. 만나서 협상을 하거나 메일로 용건을 말하기에 앞서 수다와 잡담으로 먼저 마음을 열어야 한다는 점을 잊지 말기 바란다.

# 전문용어를 쓰면 전문가처럼 보인다
### 전문용어를 활용하는 법

[문제] 장 교수는 대학에서 고객심리학을 활용하여 커뮤니케이션 스킬을 강의하고 있다. 다음은 장 교수가 학생들에게 넛지 커뮤니케이션에 관해 설명하는 내용이다. 다음 중 장 교수가 더 전문가처럼 보이는 설명은 어느 쪽일까?

**A** "호텔에서 '수건을 재활용해 환경보호에 동참해 주세요'라는 메시지보다는 '이 방에서 머문 고객의 75%가 수건을 재사용했습니다'라는 메시지가 더 효과적입니다. 사회생활에서 지켜야 되는 규칙임을 강조하는 것입니다."

**B** "남을 설득하는 방법으로 '사회적 규범'임을 강조하는 것이 아주 효과적입니다. 호텔에서 '수건을 재활용해 환경보호에 동참해 주세요'라는 메시지보다는 '이 방에서 머문 고객의 75%가 수건을 재사용했습니다'라는 것이 사회적 규범에 해당됩니다."

TV를 보면 의학 드라마만큼 극적이고 재미있는 분야도 많지 않을 것이다. 병원이라는 무대가 삶과 죽음이 오가는 드라마틱한 배경으로 손색이 없기 때문일 것이다. 한 가지 흠은 의사 역을 맡은 배우들이 쉴 새 없이 대사로 쏟아내는 전문용어들 때문에 이를 쉽게 풀어주는 자막이 없다면 도대체 무슨 뜻인지 알 수가 없다는 점이다. 그럼 '의학 전문용어를 아예 의사가 쉽게 설명한 대사로 풀어서 연기한다면 시청자나 환자들에게 더 좋은 방법이 아닐까'라는 생각이 들 수 있다. 그러나 그건 그다지 좋은 방법이라고 생각되지 않는다. 전문용어를 쓰지 않는 의사는 그 전문성과 위엄이 크게 떨어져 보일 수도 있기 때문이다. 얘기가 좀 옆길로 새는 것 같지만, 청진기를 걸치지 않는 의사의 신뢰성도 뚝 떨어진다. 환자는 의사가 청진기를 걸친 상태에서 주는 메시지를 훨씬 잘 기억하는 것으로 나타났기 때문이다. 청진기를 실제로는 이용하지 않았는데도 말이다.

전문용어는 '특정 분야의 사회에서 인위적으로 만들어 그 방면에서만 주로 전문적으로 쓰이는 용어'를 말하는데, 한마디로 '학술어'라고도 말할 수 있다. 그래서 의학이든, 법학이나 경제학이든, 심리학이나 금융 분야든 그 분야에서 일하는 사람들은 자기들만의 전문용어를 통하여 다른 사람들에게 '나는 당신들과 다른 특별한 일을 한다'는 차별화의 한 방편으로 사용하기도 한다. 또한 그 분야의 전문가 입장에서는 밥 먹듯이 사용하는 '일상용어'일 뿐이다. 그런 이유로 의사들 역시 의무 기록을 쓸 때 최대한 전문용어를 사용해서 환자와 차이를 두려고 한다. 서비스, 마케팅, 커뮤니케이션 관련 책을 집필하고 금융연수원이나 기업체에서 자주 강의하는 나도 그렇다.

　서두의 [문제]는 내가 '사회적 규범'을 통해 다른 사람을 설득하는 것이 효과적이라는 메시지를 학생들에게 전달할 때 자주 사용하는 강의 내용 중 일부다. '사회적 규범(social norms)'이란 '세상의 룰'을 말하며, 더 쉽게 말하자면 '다른 사람들도 다 그렇게 해!'라는 의미이다. 나는 학생들에게 (심리학의 권위자인 것처럼 보이게 하기 위해) 일단 전문용어를 던져놓고 이를 쉬운 내용으로 풀어준다. 다른 교수들도 나와 같은 방법을 자주 쓴다. 특히 교수들의 논문을 자세히 들여다보면 꽤나 전문적이고 난해한 용어를 사용하기 때문에 얼핏 보면 굉장한 의미를 담고 있는 것처럼 보인다. 수년 전 학위논문 준비를 할 때 가장 생소했던 용어 중 하나는 '자기 효능감(self-efficacy)'이란 말이었다. 나중에 찾아보니 '자신이 어떤 일을 성공적으로 수행할 수 있는 능력이 있다고 믿는 기대와 신념'이라는 뜻으로, 쉽게 말하자면 '난 할 수 있어!'라는 자신감을 뜻하는 단어였다. 왜 이처럼 쉽고 간단한 말을 전문용어를 사용해서 어렵게 바꿔 말할까? 교수들은 쉬운 말로 바꾸면 전혀 다른 뉘앙스가 풍긴다고 항변한다. 그런데 사실은 일부러 어려운 단어나 외국어, 전문용어를 살짝 섞음으로써 어딘지 모르게 전문가처럼 보이려는 고도의 이미지 메이킹 전략일 수도 있다.

　맥도날드는 한때 판촉 행사를 하면서 '똑같은 버거 2개를 사면 하나는 반값'이라고 광고했다. 예컨대 1개에 3,100원짜리 버거를 2개 사면 그중 하나는 1,550원에 주겠다는 것이다. 광고를 본 소비자들이 '반값'이란 표현에 솔깃해서 실제 할인율을 착각하게 한 것이다. 15초에 불과한 광고를 보고 실제 할인율을 제대로 계산해 내는 소비자가 얼마나 되겠는가. 20~30% 할인 판매는 특별한 것이 아닌데, 표현 방법을 바꿈으로써 소비자들에게 강한 자극을 준 셈이다. 한번은 국내 자동차 회사의 고객 응대 매뉴얼을 감수하다가 이를 설득 화법에 활용하고 있는 문구를 발견했다. '완고한 성격의 고객이 자기주장을 할 경우에는 DTR 기법을 사용하세요'라고 되어 있었다.

"고객님께서 선택하신 차량에 통풍 시트와 주차 시스템 등을 넣고 싶으신 거죠?"

"고객님, 이 차종은 모던-스마트-스마트 스페셜-익스트림이 있습니다. 모던에 해당되는 사양은 이런 것이 있고, 스마트는 이런 것이 있습니다."

"고객님, 다시 말해 지금 고객님께서 말씀하시는 것은 어쩌면 초등학생 아이에게 토익, 토플을 가르치는 것과 같은 상황입니다. 포화상태가 될 수 있다는 의미로, 안전 측면에 심각한 문제가 생길 수 있습니다."

"따라서 말씀하신 사양을 추가하기 위해서는 트림을 변경해야만 가능합니다."

도통 무슨 말을 하는지 알기 어려운 이러한 설명은, 친숙하지 않은 전문용어를 사용해 일시적으로 상대를 혼란스럽게 해서 그 다음의 말을 쉽게 믿어버리게 하는 전략이다. 화장품 판매원도 "고객님, 이 화장품에는 주름 개선 성분인 '아데노산'이 들어가 있는데, '레티놀'과 달리 빛에 파괴되지 않아요. 낮에도 사용하실 수 있어요. 아주 효과적이죠."라고 전문적이고 화려한 언술로 고객을 혼란스럽게 만든 상태에서 요구나 부탁을 받아들이게 한다. 와인을 살 때 "미네랄이 많아 약간 쇠 맛이 나는 것은 미네랄리티, 불에 그을린 나무 탄 냄새가 나는 것은 오크터치입니다."라고 설명하는 식이다.

우리는 전문용어를 사용하면 나쁜 화법이라고 배웠다. 그러나 "전문용어를 자주 사용하여 영업을 하면 일상적인 용어를 주로 사용하는 영업사원보다 소비자의 믿음을 사고 상품을 판매하기도 쉽다."라고 주장하는 사람도 많다. 미국의 심리학자 아치 우드사이드(Arch Woodside)의 말이다. 그럼 서두 [문제]의 정답은 B라고 할 수 있겠다.

## 전문용어를 비유로 풀거나 치환하라

그러나 앞 단락의 요지는 전문용어를 곁들이라는 이야기이지, 다른 사람이나 고객이 이해하지 못하도록 어렵게 전문용어로 설명하라는 말과는 구별하기 바란다. 엔지니어, 의사, 변호사, 교수와 같은 전문가들은 종종 일반인들과 쉽게 소통하지 못한다. 자신의 전문 용어로만 표현하기 때문이다. 전문가들은 자신에게는 쉽고 너무 익숙한 내용이라 일반인들에게는 생소할 수 있다는 사실을 망각하는 것이다. 요약하면, 상대방이 주제에 흥미를 느낄 법한 내용이라면 조금 전문적인 용어들을 구사해도 괜찮다. 관심 분야이니까 끝까지 들어주기 때문이다. 반면에 그 분야의 초보자나 일반인을 설득할 때는 알기 쉬운 비유와 흥미진진한 에피소드를 섞어 말하는 편이 좋을 것이다.

일반적인 설명이나 주장은 중학교 2학년이 이해할 수 있는 수준으로 하는 것이 가장 좋다고 한다. 그럼 전문 용어나 어려운 기술을 어떻게 중학교 2학년 수준으로 쉽게 설명할까?

그 첫째 방법은 비유법을 활용하는 것이다. '쉽게 말하면 ○○ 같은 것'으로 바꿔 설명하는 것이다. 처음으로 돌비 시스템을 만든 엔지니어가 아무 지식이 없는 아주머니들에게 돌비의 특징을 이야기하게 되었다. 아무리 이야기해도 알아듣지 못하자 참다못한 다른 엔지니어가 이렇게 이야기했다. "여러분, 세탁기는 무엇을 하는 물건입니까? 세탁물에서 때만을 찾아 없애는 기계입니다. 세탁물을 손상시키지 않고 그 안에 있는 때만 없애주지요. 돌비도 마찬가지입니다. 음은 손상시키지 않고 그 안에 있는 잡음만 제거해 주는 겁니다." 정말 머리에 쏙 들어오는 명쾌한 비유가 아닐 수 없다. 그래서 환자와 소통을 잘하는 의사는 "고지혈증은 필요 이상으로 많은 지방 성분 물질이 혈액 내에 존재하면서 혈관 벽에 쌓여 염증을 일으키고, 그 결과 심혈관계 질환을 일으키는 상태입니다. 쉽게 말하면 하수구에 찌꺼기가 계속 쌓이면 막혀버리잖아요. 그러면 물이 넘치게 되고 나중엔 큰일 나겠죠. 이런 상태를 말합니다."라는 식으로 이야기한다. 모 방송사의 '손에 잡히는 경제'라는 라디오 프로그램이 있다. 진행자는 어려운 경제를 정말로 알기 쉽게 풀어준다. 일상생활의 비유를 통해 설명하기 때문이다. 예를 들어 "어머니에게 CD금리에 연동해서 대출금리를 정하는 것이라고 100번을 말씀드려도 못 알아들으신다. 그래서 떡볶이 값을 고추장 가격에 연동해서 정하는 것이라고 설명했더니 금방 알아들으셨다."는 식이다.

전문용어를 쉽게 풀어주는 또 다른 방법은 쉬운 일반용어로 바꿔주는 것(치환)이다. 특정 분야의 전문 지식을 일상의 지식으로 치환해서 설명하지 못한다면 그 사람의 전문 지식에 대한 이해가 충분치 않다는 증거다. 예를 들어 스포츠 중계를 하는 해설위원을 떠올려보자. 럭비 경기를 중계하면서 "녹온. 공이 팔에 맞았습니다. 반칙입니다."라든가, 축구 중계에서 "오프사이드예요! 공격수가 수비수보다 더 골대 가까이에서 공을 받았어요."처럼, 전문용어를 언급하면서도 그 뜻을 알기 쉽게 풀어서 다시 설명해 준다. 그러면 경기 규칙을 잘 모르는 사람도 금방 이해할 수 있게 된다.

의학, 법률, 금융 용어가 아직도 소비자들에게는 너무 어렵다는 지적이 많다. 얼마 전 금융 관련 보도자료에는 이런 문구가 있었다. '대출 모집인을 통해 취급한 대출 중 부실채권이 발생한 경우, 대출 모집인에게 동 부실채권의 대위변제를 요구하는 일이 없도록 지도하였음.' 이 보도자료의 내용을 쉽게 이해하는 사람은 그리 많지 않을 것이다. '대출 모집인이 취급한 대출이 연체되는 등 받기 어려워졌을 때 금융 회사가 모집인에게 이 대출금을 대신 갚으라고 강요하지 못하도록 지도했다.'는 말로 바꿔서 표현해 주어야 한다. '대위변제'는 '다른 사람의 빚을 대신 갚는 제도'로 치환해 줘야 쉬운 표현이 된다. 학생들에게 학자금 대출을 해주는 어느 재단의 안내장에 '기한의 이익 상실'이란 법률 용어를 그대로 쓰고 있었다. '기한의 이익 상실'이란 빌려준 돈을 만기 전에 회수하는 것이다. 적어도 용어 뒤에 괄호를 해서라도 쉬운 표현으로 풀어서 표기해 줘야 한다. 물론 어떤 전문용어는 평이한 단어로 바꾸기가 곤란할 수도 있다. 하지만 완전히 똑같은 의미의 단어를 사용해야만 상대방이 알아들을 수 있다고 생각할 필요는 없다.

때로는 전문용어를 곁들여 여러분이 전문가임을 보여줄 것. 그러나 비유적으로 설명하고 쉬운 단어로 치환해서 쉽게 설명해야 할 때도 있다는 점을 잊지 말기 바란다.

# 정성껏 묘사하면 더 잘 듣는다

### 길이, 장점의 휴리스틱

[문제] 지 대리는 오늘 아침 직원 연수가 있는 날인데 늦잠을 자는 바람에 30분 늦게 회사에 도착했다. 사실은 알람이 제때 울리지 않아 늦잠을 잔 것인데, 그렇다고 사실대로 말할 수는 없어서 지점장께 거짓 핑계를 대기로 했다. 다음 중 어느 것이 더 설득력 있는 거짓말이 될까?

A "지점장님, 늦어서 죄송합니다. 출근길에 자동차 타이어가 펑크 나서요."

B "지점장님, 늦어서 죄송합니다. 오늘 아침 응급실에 실려 갈 뻔했습니다. 출근길에 공덕동 사거리에서 불법 좌회전하는 트럭을 피하려다가 도로에 부딪혀서 자동차 왼쪽 뒷바퀴가 터졌습니다. 지금도 심장이 두근거리네요. 출근할 수 있을까 걱정했는데, 아무튼 살아서 돌아왔습니다."

나는 N리서치 업체와 제휴하여 S금융기관의 서비스 모니터링 업무를 5년째 맡고 있다. 주 업무는 조사에서 나타난 문제점의 개선 방안을 제시하고 직접 직원 교육을 해주는 일이다. 공교롭게도 어느 지점에서나 고객이 제기한 공통된 불만 중에 이런 내용이 꼭 들어 있었다.

정기 적금은 하나만 있는지 문의하자 정기적금과 자유적금 두 종류가 있는데, 자유적금은 이율이 정기적금보다 낮다고 함. 창구 직원들이 고객 질문에는 바로바로 대답하지만, 구체적인 설명 없이 묻는 말에 단답형으로만 간단하게 대답하고 있어 성의가 없어 보이고, 전문성도 떨어져 보임.

은행이건 백화점이건 관공서건, 상담 직원이 통계자료와 사진, 신문기사 등을 풍부하게 제시할수록 판매 가능성과 설득력이 커진다는 걸모르는 사람은 없다. 그런데 여기서 말하는 설득은 단지 자료 자체의 설득적 가치에서만 나오는 것이 아니라는 점을 알아야 한다. 소비자 설득에 관한 연구에 따르면 '설명의 길이가 장점을 암시한다'는 이른바 (어림잡아 직관적으로 판단되는 의사 결정 방식인) 휴리스틱이 자연스럽게 작동하게 된다. 설명이 많아질수록 신뢰성도 점점 더 높아진다는 말이다. 이와 같은 휴리스틱이 작동하는 이유는 순전히 설명하는 내용의 길이가 신뢰성, 진실성, 심사숙고한 것 같은 태도로 상대에게 해석되기 때문이다. 고객은 부지불식간에 '저렇게 길게 구체적으로 정성껏 설명하는 걸 보아하니 틀림없이 좋은 점이 있겠지'라는 마음이 저절로 들게 되는 것이다.

예를 들어 내가 펜을 하나 팔면서 "이 펜은 종이에 쓸 수 있습니다." 라고 말하면 고객은 "그냥, 펜이군요."라고 생각할 것이다. 그런데 내가 "이 펜은 종이에만 쓰여지는 것이 아니라 플라스틱, 유리, 알루미늄, 강철, 가죽, 벽돌 등은 물론 물속에서도 쓸 수 있는 펜입니다."라고 말하면 고객은 그 펜이 더 가치가 있다고 판단할 것이다. 내가 펜에 관해 새로운 사실, 새로운 장점과 새로운 용도를 더 많이 알려주었으니 이는 너무나 당연한 현상이다.

따라서 시간을 더 들여서 길게 말할수록 판매 가능성이 더 높아진다는 결론을 낼 수 있는 것이다. 그럼 눈치챘겠지만 서두 [문제]의 정답은 B이다. 문장의 길이가 강도를 암시한다. 즉, 자세하고 구체적인 정보일수록 설득력이 충충이 쌓여지므로 지점장은 지 대리의 거짓말을 진실로 받아들일 가능성이 더 높아지는 것이다.

## 잇 팩터(it factor), 그림을 그리듯 묘사하라

퇴근하는 남편에게 아내가 '퇴근하는 길에 우유 한 병 사다 주세요.' 라고 말했을 때 아내의 부탁이 100% 실행될 가능성은 그리 크지 않다. 회사에서 다른 부서 동료에게 '내 업무에 꼭 필요한 자료이니 대상자 명단을 내일 오전까지 이메일로 보내달라.'고 부탁했더라도 내 요청대로 실현된다는 보장은 없다. 나는 그런 일이 절대 없다고 자신 있게 말하는 사람은 우리 주변에 생각보다 많지 않을 것이다. 우리는 원래 상대가 부탁하는 말을 잘 새겨듣고 꼭 기억해 두었다가 반드시 지키는 존재가 아니다. 대충 흘려듣고 잊어버리기도 한다. 그럼에도 불구하고 우리는 '한번 말을 하면 내 주변의 모든 사람들이 귀를 쫑긋 세우고 경청할 것'이라고 가정하는 것이다. 이런 가정하에서 대화하게 되면 전하는 메시지에 정성을 덜 쏟게 된다. 최소한의 노력으로도 완전한 소통이 될 것이라고 안일하게 생각하는 것이다.

그렇다면 듣는 사람보다는 말하는 사람의 입장에서 생각해 본다면 내가 상대에게 어떻게 말할 때 상대가 내 말을 귀담아듣고 그대로 행동하게 할 수 있을까? 포춘 500대 기업을 돌며 커뮤니케이션에 대해 강의하는 마크 위스컵(Mark Wiskup)은 그의 저서 《커뮤니케이션 주치의, 잇 팩터(The It Factor)》에서 상대가 내 말을 듣게 하는 커뮤니케이션 능력을 '잇 팩터'라고 이름 붙였다. 요즘 잇 걸(it girl), 잇 백(it bag), 잇 무비(it movie)등 '잇'을 앞에 붙인 말들을 자주 볼 수 있는데, 여기서 it은 'it is the'의 준말로, 화제가 되거나 주목할 만한 것이라는 뜻이다. 커뮤니케이션에서도 주목할 만하고 꼭 가져야 할 요인으로 '잇 팩터(it factor)'라고 한 것이다. 한마디로 말하면 상대가 내 말에 주의를 기울여 듣도록 만드는 섬세한 대화 능력이다. 이 책에서 저자는 잇 팩터의 기본이 겸손이라고 말한다. 겸손이란 "'상대가 당연히 내 말에 귀를 기울이겠지'라고 생각하는 것이 아니라, 다른 사람은 남의 말에 관심이 없다. 그러므로 상대가 내 말을 듣게 하려면 '정성껏' 자세하게 말해야 한다."는 마음가짐이다.

여기서 '정성껏' 말하는 방법은 다음과 같은 노력을 말한다.

1. 보다 일찍, 더 자주 이야기한다.
2. 주제와 목적을 명확히 한다.
3. 그림을 그리듯 묘사한다. 특히 '그림'을 그리듯 묘사할 때는 3가지 이상의 대상과 3가지 이상의 행위가 포함되도록 하는 것이다.

예를 들어 "여보, 퇴근할 때 우유 좀 사갖고 오세요."는 '오만한' 대화다. 그림을 그리듯한 묘사는 "여보, 엊그제 마트에서 우유를 두 병 사왔는데 아이가 다 먹었어요. 내일이나 시장에 가야 하는데 오늘 저녁에 먹을 우유가 없어요. 퇴근할 때 마트에 들러서 사 갖고 오세요."라고 말하는 것이다. 이 정도로 이야기를 하는데도 남편이 잊어버렸다면 그건 곤란하다. 다른 사람에게 부탁할 때 이 정도로 '정성껏' 묘사하는지 생각해 보아야 한다. 이것이 바로 저자가 말한 '겸손한' 대화다.

연인에게 "오늘 함께 저녁 먹자."라고 말하는 것도 겸손한 대화가 아니다. "싫어, 점심 때 불고기 먹었더니 배 안 고파!"라고 대답할지도 모른다. "수진아, 오늘 저녁은 특별한 데이트를 하고 싶어! 너 로제 파스타 좋아하잖아. 내가 레스토랑에 예약해 둘게. 거기서 밥 먹고 길 건너편에 있는 유명한 커피숍에 가자. 거기서 한강변 야경이 볼만하다고 그러더라. 오늘 저녁 시간 괜찮아?" 이 정도면 데이트 신청하는 사람의 정성이 제대로 느껴질 것이다.

덧붙여 '겸손한 대화'를 통해 상대의 승낙 가능성을 높이기 위해서는 상대방이 바라는 이점과 일치하는 부탁을 만들어야 한다. 상대방이 이탈리아 요리를 좋아한다면 "오늘 저녁에 데이트 하자."가 아니라 "진짜 맛있는 파스타 집이 있는데, 같이 가지 않을래요?"라고 말하면 상대방은 자신이 바랐던 것이므로 '예스'라고 할 가능성이 높다. 상대방은 당신과의 데이트는 '노'라고 할지 모르지만 파스타를 먹으러 가는 것은 '예스'라고 할 가능성이 높다. 내 입장에서는 파스타를 함께 먹으러 가는 것이 곧 데이트다.

소통의 진정한 목적은 단순히 정보를 전달하는 데에 그치는 것이 아니라 궁극적으로 상대방의 '예스'와 행동 변화를 이끌어내는 것이다. 정보 전달에 있어서도 소통 오류로 어려움을 겪는데, 상대방의 행동 변화까지 일으키기란 더욱 어려운 일이다. 이렇게 어려운 일을 간단히 말 몇마디로 오만하게 전달해서는 제대로 될 리가 없다. 겸손하게 말해야 상대가 귀 기울여 듣고 행동으로 옮긴다.

그런데 앞서 언급했던 S금융기관에서 강의 중에 "설명(문장, 상담)의 길이가 설득력을 더 높인다."며 개선방법을 제시했더니 한 직원이 바로 질문을 하는 것이었다. "잘 알겠습니다. 그런데 어떤 내용으로 문장이나 설명을 '정성껏', '길게' 해야 합니까?" 물론 쓸데없는 얘기를 중언부언해서 설명을 길게 하라는 의미는 절대 아니다. 그럼 고객은 되려 지루해하고 짜증을 내게 될 것이다. 다음 몇 가지 방법을 잇 팩터의 내용으로 사용하면 좋을 것이다.

**1. 증언을 풍부하게 제시하라** 설명을 길게 하는 데 가장 좋은 방법은 사실과 세부 정보, 특징과 혜택을 가능한 한 풍부하게 열거하는 것이다. FABE 기법은 세일즈맨이 상품이 갖고 있는 특징(Feature)들을 고객의 니즈에 부합하는 이점(Advantage)이나 혜택(Benefit)으로 바꾸어 제시하고 그 증거(Evidence)를 보여주는 방법으로, 고객 설득에 매우 효과적인 스킬이다.

"e연금저축보험은 2년 연속 금융감독원이 주관하는 우수 금융 신상품 시상에서 최우수상을 수상하게 됐습니다."(Evidence)

e저축보험의 가장 큰 특징은 가입 후 언제 해지해도 원금 손실이 없는 '경과이자 비례방식'을 적용했다는 점입니다.(Feature)

기존 보험 상품이 '계약자 적립금', 즉 고객이 다달이 납부한 보험료에 대해서 수수료를 차감했다면, 경과이자 비례방식은 납입한 보험료에 붙은 이자에 대해서만 수수료를 차감합니다. 즉, 이자가 발생하지 않으면 차감되는 수수료도 없다는 뜻입니다. (Advantage)

그래서 보험 상품임에도 불구하고 원금 손실 위험이 전혀 없어, 가입 직후 해지하더라도 원금은 물론 이자까지 지급됩니다. '보험 조기 해지는 손해'라는 상식을 완전히 뒤집은 원금 보장형 상품입니다.(Benefit)

**2. 마음을 흔드는 감성적인 멘트를 덧붙여라** 고객이 지갑에서 돈을 꺼내

도록 유도하는 동인은 이성이라는 요소보다 강력한 감성과 욕구이다. 따라서 세일즈에는 이성 × 감성 × 욕구의 다단계 콜라보가 필요하다. 감성적 멘트에 아주 능한 사람들이 바로 홈쇼핑의 쇼호스트들이다. 예비 신랑이 5부 다이아를 사줄 생각인데, 예비 신부는 10부 다이아에 자꾸 눈길을 보낸다. 당신은 판매원으로서 10부 다이아를 권하고 싶다. 그렇다고 예비 신랑에게 "아무래도 큰 것이 폼이 나죠! 일생에 한 번밖에 없는 결혼인데, 큰 걸로 선택하시죠."라고 말하면 신랑은 당신의 장삿속을 금방 눈치챌 것이다. "결혼한 여성은 일생에 걸쳐 자신의 손가락에 있는 결혼반지를 무려 100만 번이나 본답니다. 사랑하는 아내를 100만 번 '아쉽구나' 생각하며 살게 하시겠어요?"라고 마음을 흔드는 감성적인 멘트로 신랑의 마음을 흔들어야 한다.

**3. 적절하게 비유해서 쉽게 설명하라** "통장 확인을 자주 한다고 돈이 느는 것은 아니다. 아이를 엄마가 옆에서 들볶는다고 공부를 잘하는 것은 절대 아니다." 아이를 채근하면서 계속 공부하도록 감시하는 부모에게 하는 말이다. 말은 눈에 보이지 않지만 이와 같은 비유법은 그 말을 눈에 생생하게 보이도록 묘사해 준다. 상대가 상상하도록 만들어주기 때문이다.

고객이 월 10만 원 연금보험 상품에 가입하려고 한다. 직원은 당연히 50만 원짜리를 권유하고 싶을 것이다. "제 실적이 급하니 저를 봐서라도 50만 원으로 가입해 주세요!"라고 말하면 곤란하다. "비가 올 때 작은 종이컵과 큰 세숫대야를 밖에 놓아두면 어디에 비가 많이 담길까요? 당연히 후자죠. 내 월급 통장에 작은 사이즈, 큰 사이즈 어느 것을 갖다 대느냐에 따라 미래의 보장과 행복 사이즈가 완전히 달라지게 됩니다."라고 적절하게 비유해야 더 쉽게 설득된다.

**4. 세부 묘사 효과의 장점을 살려라** 한 식품 회사에서 새 김치를 만들었는데, 포장지에 '우리 농산물 100%'라고 썼다면 포괄적 묘사라고 할 수 있고, '배추, 고춧가루, 마늘, 생강, 멸치액젓 등 순 우리 농산물 100%'라고 썼다면 세부적 묘사라고 할 수 있다. 그렇다면 소비자의 정보 처리 면에서 어느 방법을 쓰는 것이 더 효과적일까? 정답은 세부적으로 묘사하는 것이다. 포괄적 묘사는 대체로 추상적이면서 간단하고, 세부적 묘사는 구체적이면서 소비자들에게 감성적인 느낌으로 다가가기 때문이다. 따라서 '여러 가지 암을 보장하는 다보장 보험'이 아니라 '간암, 폐암, 위암, 대장암, 유방암을 보장해 주는 5대암 다보장 보험'이라고 세부적으로 설명해야 한다.

그림을 그리듯 디테일하게 겸손한 대화를 하라. '용건만 간단히'는 옛날 공중전화의 통화 예절 표어다. 지금은 개인 휴대폰으로 대화를 나누는 시대다. '결론만 말하세요'는 비즈니스 보고의 핵심 요령이긴 하지만 일방적인 커뮤니케이션이다. 겸손한 대화는 듣는 사람에게 따뜻하고 생생한 감정을 전달하는 관계형 커뮤니케이션이다.

겸손한 대화를 통해 문장의 길이가 길어질수록 설득력이 높아지고 상품의 장점을 암시하는 휴리스틱이 작동됨을 잊지 말기 바란다.

# 파랑색은 주황색 옆에 있어야 또렷하다
### 대조는 설득의 가장 큰 원동력

## 비교 상대를 제시하라

[문제 1] 나는 H백화점 판매원이다. 중년 신사가 최고급 정장과 스웨터를 사겠다고 한다. 어느 상품을 먼저 제시해야 효과적일까?

**A** 최고급 정장을 먼저 구매하도록 한다.

**B** 스웨터를 먼저 구매하도록 한다.

[문제 2] 나는 27살 미혼 여성이다. 내일 소개팅 남자와 첫 만남을 갖기로 했다. 그런데 친구가 소개팅에 함께 나가자고 한다. 친구와 나는 둘 다 예쁜 편이다. 어떻게 하는 게 좋을까?

**A** 친구와 함께 가야 한다.

**B** 혼자 가는 편이 좋다.

 

    무릎 통증 때문에 헬스를 그만두고 수영으로 아침 운동을 대신한 지가 1년이 넘었다. 한 가지 곤혹스러운 것은 겨울날 아침에 차가운 물속에 들어가는 게 썩 내키지 않는다는 점이다. 이제는 내 나름대로 이를 극복했다. 미리 샤워장에서 수영장보다 더 차디찬 물로 충분히 샤워하는 것이다. 아침마다 나와 같은 레인에서 수영하는 60대 후반 남자분은 수영장에 들어오실 때마다 "아이 차가워!" 하면서 얼굴을 찡그린다. 나는 더 찬 물로 샤워한 덕택에 수영장 물이 오히려 따뜻하게 느껴지는데 말이다.

    '미지근한 물은 손을 담그기 전에 뜨거운 물을 만졌는지 차가운 물을 만졌는지에 따라 차갑게 여겨지거나 뜨겁게 여겨질 수 있다.' 영국 사상가 존 로크(John Locke)의 말이다. 우리는 보통 어떤 사람이나 사물에 대해 판단할 때 비교할 만한 그 무엇에 근거하여 선택한다. 뭔가 추하고 값싸고 작은 것을 먼저 보여주면 뒤에 본 것은 더 아름답다거나 더 값지다거나 더 크다는 식으로 판단한다. 이른바 '대조 효과(contrast effect)'이다. 대조란 반대되는 것이 있을 때 대상이 더 잘 지각되는 현상이다. 키 큰 사람이 혼자 있을 때보다 키 작은 사람 옆에 있을 때 더 커 보이고, 파란색은 보색인 주황색 옆에 있으면 더 잘 지각된다. 대화법도 그렇다. 내가 상대에게 해야 할 말이 직설적으로 하기에는 너무 평범하거나 좀 뻔한 표현일 때는 직접적으로 표현하는 것보다 비교나 대조되는 표현을 사용하는 것이 훨씬 효과적이다. 예를 들어 "당신의 승리입니다."라는 말을 강조하고 싶다면 '나의 승리'라는 말을 앞에 넣어서 "이것은 나의 승리가 아닙니다. 당신의 승리입니다."라고 표현하면 더 생동감 넘치는 문장이 된다.

## 설탕물을 팔 것인가, 세상을 바꿀 것인가

스티브 잡스(Steve Jobs)는 펩시콜라의 사장이었던 존 스컬리(John Sculley)를 애플로 영입하기 위해 "우리와 함께 일하자."라고 말하지 않았다. "일생 동안 설탕물을 팔며 사시겠습니까? 아니면 함께 세상을 바꾸시겠습니까?"라고 말했다. 이러한 대조는 좋은 것은 더 좋게 만들고, 나쁜 것은 더 나쁘게 만드는 전략이다. 대조 효과는 커뮤니케이션 분야뿐 아니라 마케팅, 영업, 서비스 등 다양한 영역에서 우리의 선택에 영향을 미친다. 예를 들어 배보다는 사과를 더 팔고 싶은 과일가게 주인은 사과를 돋보이게 하기 위해 사과 옆에 품질이 떨어지는 배를 비슷한 가격에 함께 진열한다. 그러면 사과가 훨씬 더 매력적으로 보이기 때문이다.

유능한 부동산 중개인은 먼저 좋지 않은 집에 높은 가격을 붙여 보여준 다음 실제로 팔려는 집을 보여주며 적당한 가격을 이야기한다. 예상대로 구매자는 부동산 업자가 정작 팔려고 한 집에 눈이 휘둥그레

지면서 그 집을 사게 되는 심리를 적절히 활용하는 것이다. 이른바 '못난이 효과'이다. 이런 대조 효과를 잘 활용하기로 소문난 기업이 코치(Coach)다. 코치는 매장마다 1~2개 정도의 초고가 가방을 멋지게 진열한다. 이 가방은 팔기 위해 진열하는 건 아니다. 소비자들에게 그 옆에 놓인 가방들이 싸다는 느낌을 주기 위한 대조 효과용 전시품이기 때문이다. 즉, 5천 달러짜리 가방은 매우 비싸지만, 그 옆에 2만 달러짜리 가방이 놓여 있으면 소비자는 상당히 싸다는 느낌이 들게 되는 것이다.

이와 마찬가지로 비싼 가격에 최고급 정장을 구입한 중년 신사에게는 스웨터의 가격이 그리 비싸게 느껴지지 않는다. 백화점 통계에 의하면 비싼 양복을 산 후에 그 양복과 어울리는 벨트, 넥타이 등의 액세서리를 구매한 고객들이 비싼 양복을 사기 전에 구입한 고객들보다 훨씬 비싼 액세서리를 사는 것으로 나타났다. 이와 반대로 저렴한 정장을 먼저 제시한 후에 비싼 정장을 제시한다면 고객은 그 정장의 가격을 더욱 비싸게 느끼게 될 것이다.

따라서 백화점에서 상품을 판매할 때는 비싼 것부터 추천하는 것이 중요하다. 우선 저렴한 상품부터 권해서는 더 많은 매출을 올릴 수가 없다. 이런 전략에 따라 자동차 딜러들은 새 차의 가격 흥정이 끝나기 전에는 절대로 옵션에 대해 이야기하지 않는다. 8천만 원짜리 새 차의 흥정이 끝난 후에 제시하는 타이어, 오디오, 40만 원짜리 가죽 시트의 가격은 아무것도 아닌 것처럼 보이기 때문이다. 따라서 [문제 1]의 정답은 A이다.

## 때로는 들러리로 설득하라

대조 효과가 마케팅과 영업 분야에서만 영향을 미치는 것은 아니다. TV나 홈쇼핑 등에서 아름다운 모델들을 계속 보게 될 경우, 자신의 연인이 상대적으로 덜 매력적으로 느껴질 수 있다. 미국의 진화심리학자 더글라스 켄리크(Douglas Kenrick)의 연구에 따르면 TV 프로그램에서 미남 미녀를 본 20대 대학생들은 실제 소개팅에서 만난 파트너를 덜 매력적으로 판단한다고 한다. 그럼 [문제 2]처럼 두 사람이 모두 예쁜 경우에는 어떤 선택이 좋을까? 정답은 B다. 혼자 가는 것이 좋다. 혼자 나간다면 상대 남자는 당신을 평소에 보았던 주변 여자들과 비교할 것이다. 이 경우 당신의 아름다움은 확실히 돋보일 것이다. 그러나 예쁜 친구와 같이 간다면 상대 남자는 당신과 친구를 보면서 끊임없이 비교할 것이다. 만약 당신은 못생기고 친구는 예쁘다면 같이 가지 않는 편이 낫다. 당신의 부족함이 두드러질 것이기 때문이다.

면접은 신입 사원 선발 수단으로 때로는 정당하지 않다. 역시 대조 효과 때문이다. 내 앞에 어떤 지원자가 면접을 보느냐에 따라 나에 대한 면접관들의 평가가 크게 달라진다. 면접관들이 유난히 똑똑해 보이는 지원자를 면접했을 경우 바로 다음에 면접을 보는 지원자는 실제보다 깎아내리기 쉽다. 나는 외국계 은행에 근무할 때 펀드 수익률 하락으로 큰 손실을 본 고객과 상담할 때 크게 두 가지에 초점을 맞춰 고객의 마음을 진정시키고 위로했던 적이 있다. 첫째는 글로벌 경기 침체에 따른 모든 사람의 불행임을 강조했다. 두 번째는 더 크게 손실을 본 다른 고객들과의 비교를 통해 '그래도 나는 이만하기 다행'이라고 느끼게 해준 것이다.

마케팅에선 오래전부터 '소비자가 기업이 원하는 대로 구매하도록 유도하는 법'을 연구해 왔다. 이른바 바람잡이나 들러리 효과를 노리는 것이다. 소개팅에 나가면서 못생긴 친구를 데려가서 나를 돋보이게 했다면 이때 친구는 들러리 역할을 한 셈이다. 부족한 옵션을 하나 더 넣음으로써 내가 원하는 옵션을 선택하도록 유인하는 것이다.

카페에 갔는데 커피 값이 스몰 사이즈(350ml)는 4,000원, 미디엄 사이즈(450ml)는 5,000원, 라지 사이즈(610ml)는 5,500원이다. 여러분은 어느 것을 택하겠는가? 미디엄 사이즈 가격을 보면 스몰 사이즈보다는 1,000원 비싸지만 라지 사이즈보다는 500원만 더 싸다. 차라리 500원 더 보태서 라지 사이즈를 선택하게 만들려는 전략이다. 미디엄 사이즈는 라지를 선택하게 하는 들러리로 끼워 넣은 것이다. 이는 설득 전략에도 효과적으로 활용할 수 있다.

개인적인 일이든 회사 업무든 우리는 다른 사람이 싫어하는 부탁을 해야 할 때가 있다. 이를테면 팀원에게 민원 상담을 맡기거나 지방 근무를 부탁해야 하는 일이다. 이런 일은 상대의 이익과 직접적인 관련이 있기 때문에 항의를 받거나 반발을 사게 될 수도 있다. 이럴 때도 들러리 효과나 대조 효과를 이용하는 것이다. 집이 회사와 30분 거리에 있는 직원을 통근 시간이 한 시간 정도 되는 지역으로 발령을 내야 한다면 인사팀장은 고민스럽지 않을 수가 없다. "회사에서는 한 근무지에 5

년이 넘은 자네를 새로운 곳에 발령을 내기로 했네. 두 가지 선택이 있네. 충주 지점에 결원이 생겨 내려갈 수도 있고, 수원 지점에도 자리가 한 군데 있는데, 자네 생각은 어떤가?" 직원은 서울을 떠나고 싶지 않겠지만 지방과 수도권 둘 중 하나를 선택해야 한다면 그나마 가까운 수원을 선택할 것이다. 충주라는 마음속 '저울추' 덕분에 손쉽게 수원을 선택하게 만든 것이다. 상대방이 원하는 '따뜻한 물'을 바로 줄 수 있다면 가장 좋다. 하지만 상황이 여의치 않아 상대에게 '미지근한 물'을 받아들이게 하고 싶다면 먼저 '찬물'의 느낌을 맛보게 한 뒤 '미지근한 물'을 제시하는 것이다. 상대가 '이마저도 다행'이라는 마음으로 기꺼이 받아들이게 하는 전략이다.

고등학교 때 딸은 공부는 잘했지만 방은 늘 엉망이었다. 정리 정돈 좀 하라고 하면 공부할 시간도 부족하다며 내 잔소리를 무시했다. 어느 날 대청소를 한다면서 딸에게 화장실 청소를 하라고 했더니 "오늘은 제 방 청소만 하면 안 돼요?" 하고 내게 부탁하는 것이었다. 당초 내가 원했던 것은 딸이 자기 방 청소를 하도록 만드는 것이었다. 인간은 대조 효과에 의해 더 효과적으로 설득되는 것이다. 인간은 '결단'을 어려워한다. 반면에 두 가지 선택지가 있을 때 '비교'하는 것은 잘한다. 저쪽보다는 이쪽이 더 낫다고는 쉽게 판단하는 것이다. 로버트 치알디니를 비롯한 심리학자들이 연구한 핵심 통찰 중 하나는 대조가 타인에게 영향력을 미치는 설득의 원동력이라는 점을 증명하고 있다. 우리의 생각과 판단은 매번 비교 과정을 통해 좋고 나쁨을 구분한다. '조금 나쁜 제안'을 함께 제시하여 '기존 제안'을 돋보이도록 하는 것이다.

따라서 가장 중요한 설득의 기본 질문은 '무엇과 비교하게 할 것인가?'이다. 당신이 제안한 상품과 서비스를 다른 대안과 대조할 때 장점이 더 명확히 드러나는 프레임에 넣어 설득하면 된다.

# '흠집'을 드러내야 '신뢰'가 높아진다

단점을 장점으로 설계하는 법

[문제] S대학의 경영학과 교수들은 인터넷으로 등산화를 구매하는 상황을 가정하여 피실험자들에게 등산화에 대한 정보를 제공했다. 다음 중 어느 정보를 받은 쪽의 구매율이 더 높았을까?

**A** "방수 소재로 만들어진 이 등산화는 정형외과 의사가 추천한 깔창이며, 구매 후 5년간 품질 보증을 해드립니다."

**B** "방수 소재로 만들어진 이 등산화는 정형외과 의사가 추천한 깔창이며, 구매 후 5년간 품질 보증을 해드립니다. 그러나 아쉽게도 색상은 두 종류밖에 없습니다."

"만약 누가 나에게 '삶이란 무엇인가?'라고 묻는다면 묻지도 따지지도 않고 그냥 '계란'이라고 말하겠습니다." 기차를 타고 지방 강연을 가다가 판매원의 "삶은 계란 있습니다."라는 말에 고 김수환 추기경께서 이런 아재 개그를 했다는 유명한 일화가 있다. 그러나 이 유머는 김 추기경이 했기 때문에 유명해진 것이지, 보통 사람이 했다면 썰렁했을 것이다. 평소에 점잖은 이미지를 풍기는 사람이 재미없는 농담이라도 불쑥 한마디 던지면 사람들은 뜻밖이라며 크게 웃는다. 언제나 웃기는 말만 하는 개그맨들이 TV 강연 프로그램에 나와 진솔한 이야기를 하면 시청자들은 '어, 똑똑한 사람이었네?'라는 인상을 받는다. 반전이 생겼기 때문이다.

"나는 오늘 지각을 했다. 그래서 선생님께 혼났다. 다음에는 혼나지 않도록 결석을 해야겠다." 얼마 전 인터넷에서 본 초등학생의 일기장 내용이다. 지각을 해서 상사나 선생님에게 꾸중을 들으면 보통 사람들은 '내일부터는 일찍 나와서 지각하지 말아야겠다'라고 생각하기 마련이다. 그런데 이 엉뚱한 꼬마는 '아예 결석을 하겠다'는 것이다. 이처럼 극적인 반전은 우리를 미소 짓게 만든다. 그래서 반전은 유머의 기본이다. 반전이 있어야 재미있고 신선하다. 반전 얘기를 서두에 꺼낸 이유는 서비스나 커뮤니케이션에서 고객의 신뢰와 감동을 얻는 데 반전만큼 효과적인 스킬이 없다는 점을 이야기하고 싶어서이다.

지난 학기에 대학원생들에게 '서비스 전략과 컨설팅' 과목을 강의했다. 기말고사 과제는 '내가 최근에 받은 최고의 서비스 사례를 토대로 기업이 어떻게 서비스 전략을 설계했을지를 서술해 보라'는 내용이었다. 학생들이 제출한 리포트에는 각양각색의 감동 스토리가 있었지만 그중에 공통적으로 고객의 마음을 뒤흔든 방법은 '반전의 묘미'였다. 그중 하나를 그대로 옮겨보면 이렇다.

"임신했을 때 호박 꼭지를 달여 먹으면 좋다는 말을 들어서 인터넷으로 구입하려고 했다. 그런데 그 업체의 사장님께서 제 사정을 들으시더니 수확은 잘 되었지만 건조 상태가 좋지 않아 판매하기가 곤란하다면서 잘 아는 다른 업체의 상품이 아주 좋다며 다른 곳을 추천해 주셨다. 4년이 지났지만 잊을 수 없는 감동과 고마움으로 남아 있다." 우리 제품의 상태가 그다지 좋지 않으니 다른 업체를 소개해 주겠다는 것은 그간 그녀가 갖고 있던 상식의 틀을 완전히 바꾸는 것이었다.

나도 이와 비슷한 경험이 있다. 일전에 입사 동기들과 등산을 하고 나서 산에서 그리 멀지 않은 식당을 예약했다. 한정식은 A, B 두 가지 코스가 있었는데, 내가 조금 비싸더라도 4만 원짜리 B코스가 어떻겠냐고 종업원에게 물었다. 그러자 종업원이 "오늘은 생선회가 신선하지 않습니다. 차라리 2만 5천 원짜리 A코스가 어떻겠습니까? 양이 조금 부족하다면 단품 메뉴를 하나 더 시키면 될 것 같은데요."라고 대답했다. 으레 비싼 것을 추천해서 매출을 높이려는 전략을 쓸 것이라고 생각했는데, '생선회가 신선하지 않다'는 음식점의 기밀(?)까지 누설하면서 더 싼 메뉴를 추천해 주는 것이 손님으로서는 뜻밖이었다. 결과적으로 그날 우리는 2만 5천 원짜리 메뉴에 모두 만족했고, 감사의 표시로 상당한 팁을 주었다.

왜 이런 경험들이 신선한 감동이 되는지는 분명하다. 고객들은 매출을 높이고 이익을 챙기려는 판매원들의 장삿속을 이미 꿰뚫고 있기 때문이다. 그들은 으레 판매원이 자기 제품에 관해 좋은 점만 늘어놓을 것이라고 짐작한다. 이때 닫혀 있는 고객의 마음을 얻으려면 고객의 불신을 역으로 이용하는 반전의 카드가 필요하다. "당신에게 꼭 필요한 자동차를 지금 구매하셔야 합니다."라며 자신을 홍보하고 다니는 세일즈맨들 중에서 "아직 괜찮아 보이니 좀 더 타시고 나중에 구입하세요."라고 말하는 사람을 만난다면 어떨까? 미용실에 갔는데 "오늘은 파마만 하시고 염색은 일주일 후에 하러 오세요. 두 가지를 한꺼번에 하면 머릿결이 상할 수도 있어요."라는 조언을 들었다면 마음이 어떨까? 역설적으로 이런 반전이 세일즈맨이나 미용실에 대해 깊은 신뢰감과 진정한 감동을 준다.

마케팅 교수들도 이러한 반전이 정말로 효과가 있는지 매우 궁금했던 모양이다. 실험 참가자들이 인터넷으로 등산화를 사는 상황을 설정하고, 특정 등산화에 대한 정보를 제공했다. 두 그룹의 참가자들 중 절반에게는 정형외과 의사가 추천한 깔창, 방수 소재, 5년간 품질 보증 등 등산화의 장점을 모두 열거했다. 나머지 절반에게는 위의 장점과 함께 아쉽게도 색상이 두 종류밖에 없다는 단점을 살짝 첨가하였다. 실험 결과는 놀랍게도 긍정적인 정보만 받은 그룹보다는 부정적인 정보를 함께 받은 그룹에서 등산화를 더 많이 샀다. 연구자들은 이 현상을 '흠집 효과(blemishing effect)'라고 이름 붙였다. 상품을 긍정적으로 설명하면서 부정적인 설명을 약간 덧붙이면 그 상품에 대한 긍정적 효과가 오히려 늘어난다는 의미다. 그럼 서두 [문제]의 정답은 B가 된다.

나는 얼마 전부터 머리를 염색하고 있는데, 내 까만 머리를 보고 염색을 하느냐고 묻는 분들이 있다. 그럴 때는 앞머리 부분에 있는 새치를 보여준다. 그들은 내 새치를 발견하고는 "염색을 안 하셨군요."라고 스스로 판단한다. 사실은 자연스럽게 보이도록 그 부분을 일부러 염색하지 않은 내 전략(?)에 깜박 속은 것이다. 일상생활이나 세일즈 현장에서도 이런 전략이 필요하다. 매년 김장철에 아파트 부녀회와 고추를 직거래하는 농부는 유기농인지 의심하는 고객들에게 어느 해에는 "올해는 하도 병충해가 심해서 농약을 한 번 쳤습니다. 그래도 괜찮겠습니까?"라고 고백해야 한다. 미국의 천재적 카피라이터 존 케이플스(John Caples)는 "어두운 면도 알려라."라고 조언했다. 제품이나 서비스의 약점이 될 만한 측면을 밝히는 순간, 고객은 '저 사람은 자기 제품이 경쟁자보다 못한 측면에 관해서도 숨기려고 하지 않아'라고 생각한다. 아주 사소한 결함이라고 해도 그것을 밝히는 것은 고객의 상식에 어긋나는 것이기 때문에 세일즈 전략으로 보지 않는다. 따라서 정직과 진정성 면에서 높은 점수를 받게 되는 것이다.

## 우아하게 진정성을 드러내는 법

여기서 오해하지 말아야 할 것이 하나 있다. 흠집 효과를 위해 작은 단점을 하나 드러내어 고객의 신뢰를 얻으라고 했다고 해서 당신의 제품과 서비스 자체를 조목조목 비판하라는 뜻은 아니다. 만약 당신의 피자 가게가 그 동네에서 가장 빨리 배달하는 가게가 아니라고 하자. 그럼 그 점을 솔직한 흠집으로 드러내야 한다. 때로는 흠집이 장점으로 보이도록 하는 여지를 준다면 더할 나위 없이 좋은 방법이다. 단점을 우아하게 만드는 설계 방법을 설명하면 이렇다.

"저희 피자 가게는 다른 피자 가게보다 10분이 더 걸립니다. [① 단점을 찾는다] 하지만 저희는 피자 소스를 그날 하루에 다 쓸 만큼만 조금씩 만들어 쓰기 때문에 몇달 전에 제조된 대용량 통조림 소스를 따서 쓰는 다른 피자 가게보다 느립니다. [② 단점을 장점으로 상쇄시킨다] 정말 급하시다면 더 빠른 곳으로 주문하셔도 좋습니다. [③ 슬쩍 밀어낸다]"

이처럼 단점과 흠집을 드러내는 자기희생적 비교는 고객과 신뢰를 쌓으면서도 물건의 가치를 전혀 훼손하지 않는다. "사실 저희 세차장은 다른 곳보다 5천 원 정도 비쌉니다. 다른 세차장은 차 안과 밖을 모두 전기 청소기로 닦아내고 정리하지만, 저희는 아주머니들이 30분 이상 시간을 더 들여 붓으로 구석구석 청소하기 때문입니다. 그래서 티끌 하나 없이 깨끗합니다."
진정성을 드러내는 또 다른 방법으로는 인간미를 느끼게 하는 것이다. 식당에서 '밥 부족하면 더 드립니다'라는 문구는 어머니 같은 푸근함을 느끼게 한다. 타이핑이 아닌 손 편지도 진심과 정성이 더 담긴 것이라는 사실을 누구나 안다. 오스트리아 인스브루크대학의 롤랜드 슈롤(Roland Schroll) 팀의 연구에 따르면, 브랜드 로고를 손으로 쓴 듯한 폰트만 사용해도 식당이 음식에 더 많은 노력을 기울인다는 신호로 인식되며, 손님들이 식당에 더 친밀감을 느낀다고 한다. 만약 친환경 농산품 공장이라면 사장이 직접 쓴 삐뚤삐뚤한 손 글씨가 한층 진정성을 느끼게 해줄 것이다. 이런 손 글씨는 제품 뒤에 있는 '인간미'를 일깨워서 소비자와 제품의 감정적 애착을 강하게 만들고 제품을 호의적으로 평가하게 만들기 때문에 판매 가능성을 높여준다.

소통의 핵심은 결국 '진정성'이다. '손 글씨'와 같은 진정성의 단서를 드러내야 한다. 또한 어떻게 장점을 어필할 것인가보다는, 더 큰 신뢰감을 주기 위해 기꺼이 희생할 수 있는 작은 흠집으로 무엇을 드러낼 것인가를 먼저 찾아야 한다. 경쟁자의 제품과 비교적 사소한 차이를 선정해 그 흠집을 드러내더라도 사실상 장점으로 해석될 수 있도록 반전의 카드를 교묘하게 설계하는 사람이 진정한 소통의 고수인 것이다.

# 3

## 큰 것이 아름답다
슬쩍 찌르는 또 다른 소통 비법

# 큰 것이 아름답다
### 효과적인 메시지 전달법

**[문제]** Y구 시설공단의 표 팀장은 공원에 산책 나온 사람들이 애완견의 배설물을 잘 치우도록 안내 표지판을 설치하려고 한다. 다음 중 더 효과적인 문구는?

**A** "애완견의 배설물을 치워주세요."

**B** "아이들이 노는 곳입니다. 애완견의 배설물을 치워주세요."

　과도한 운동으로 무릎이 아프고 어깨가 결려서 정형외과에 가서 물리치료를 받은 적이 있다. 나처럼 운동하다 다쳤거나 아픈 환자 중에는 노인 고객이 꽤 많았다. 나도 통증이 심할 때는 타박상이나 근육통에 좋다는 소염진통제를 먹거나 파스를 무릎에 덕지덕지 붙이고 다녔다.

그런데 약품 안에 들어 있는 사용 설명서 글자 크기가 너무 작아서 눈에 가까이 댔다 멀리 댔다 하며 읽으려고 해도 어지럽기만 하다. 이걸 설마 읽어보라고 만들었을까 의심스러울 지경이다. 화장품이나 약병에 붙어 있는 라벨은 그 정도가 더 심하다. 아침 식사용으로 간단히 먹을 수 있는 컵반을 몇 개씩 사오기도 하는데, 종류마다 조리 방법이 다르다. 컵반에 인쇄된 조리 방법은 글자가 너무 작아서 결국 인터넷에서 검색해서 글자를 확대해서 확인하곤 한다. 수영장에 갖고 다니는 샴푸와 린스도 용기와 색깔이 같아서 구별하기가 쉽지 않아 아예 매직으로 크게 써둔다. 정말 불편하기 짝이 없다.

이러한 불편은 어느 정도 제약 회사나 화장품 회사 디자이너의 나이와도 관련이 있을 것으로 추측된다. 디자이너들이 대부분 20~30대라는 사실을 감안하면 왜 이처럼 활자가 작아졌는지를 짐작할 수 있다. 포장 제작자와 디자이너들은 포장의 문구를 읽어봐야 하는 소비자에게 그것이 어떻게 보일지에 대해 전혀 모르고 있는 것이다. 아니면 규정대로 모든 내용을 전부 표기하느라 글자를 키울 공간이 없을지도 모르겠다. 아무튼 그들은 아직 '늙어보지 않았다'는 점은 분명해 보인다. "너는 늙어봤냐, 나는 젊어봤다."라고 이야기하고 싶은 심정이다.

우리나라는 이미 고령화 사회다. 그러나 65세가 넘었더라도 이전 세대의 노년층과 달리 비교적 건강하다. 이제 노년층으로 접어든 베이비부머 세대는 기존의 고령 세대에 비해 소비 성향이 높고 외식·여행·오락 등의 가치와 쾌락 소비를 즐기는 경향이 뚜렷하다. 그러나 마케팅 전략 측면에서도 중요한 노년층 고객을 배려하고 그들에게 제대로 전달되는 메시지를 만들려는 기업의 노력은 아직 부족해 보인다. 은행이나 보험 관련 청약서도 내용이 복잡하고 글자가 너무 작아 세부 내용을 알아보기 힘들다는 지적이 많다. 고령자를 위해 글자 크기나 각종 용어의 설명을 더 알기 쉽게 바꿔야 한다. 꼭 알아야 하는 핵심 내용은 빨간색으로 선명하게 구분하는 등 디자인도 개선해야 한다.

우리는 친구와 통화할 때 목소리가 작으면 "안 들려! 크게 말해줘."라고 부탁한다. 나도 디자이너와 기업의 담당자들에게 "잘 안 보여요! 크게 좀 인쇄해 줘요."라고 외치고 있는 것이다. 커뮤니케이션 과정은 발신자에서부터 시작된다. 가장 일반적으로 통용되고 있는 커뮤니케이션 과정 모델은 미국의 수학자 클로드 엘우드 섀넌(Claude Elwood Shannon)과 과학자 워런 위버(Warren Weaver)가 제시한 것으로, 발신자-암호화(부호화)-채널(매체)-해독화-수신자의 과정을 거친다. 즉, 커뮤니케이션이란 발신자의 재료가 부호로 메세지화된 다음 채널을 통해 전달된 후 수신자에게 지각되어 해석되는 과정으로 설명된다. 이 중에 우리의 오감을 통한 지각이 소통에 가장 크게 영향을 미친다.

그런데 수신자가 오감을 통해 메시지를 잘 받아들이도록 하기 위해서는 먼저 메시지를 전달하는 발신자의 각별한 노력이 우선되어야 한다. 또렷하게 들리도록 목소리가 커야 하고, 종이나 표지판에 써놓은 글씨가 눈에 선명하게 보여야 한다. 수신자의 언어를 사용하여 알기 쉽게 말해야 하고, 궁극적으로 수신자가 발신자의 의도대로 움직여준다

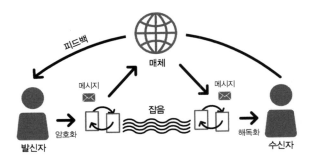

면 커뮤니케이션의 궁극적 목적이 달성된 것이다. 이렇게 커뮤니케이션 과정을 살펴보면 말하는 사람, 즉 발신자의 역할이 대단히 중요함을 깨닫게 된다. 그럼 수신자가 메시지를 잘 받아들일 수 있도록 하기 위해 발신자는 어떠한 노력을 해야 할까?

첫째, 강하게 말하는 것이다. 똑같은 내용이라도 '강한 말'과 '약한 말'이 있다. '강한 말'은 사람의 마음을 움직이는 말이다. '오늘 날씨가 좋다'는 평범하다. '오늘은 날씨 너무너무 좋아'가 생동감이 넘친다. '난 당신 편이야'보다는 '모든 사람이 반대해도 난 당신편이야'가 강한 말이다. '많이 배고파'보다는 '배가 등가죽에 붙을 정도야'가 강한 말이다.

둘째, 크게 전달하는 것이다. 작은 목소리보다는 또렷하고 큰 목소리로, 작은 글씨보다는 큰 글씨로 전달해야 수신자가 실수 없이 받아들인다. 형광펜으로 칠해 주거나 빨간색으로 별표를 해줘야 그 부분을 눈여겨서 주목한다. 그중 하나가 각종 표지판이다.

## 표지판에 목적의식을 부여하라

기업이나 관공서가 수신자인 시민이나 고객에게 제대로 전달해야 하는 커뮤니케이션 도구 중에 표지판이 있다. 표지판은 일상생활에서 수신자의 시각적 환경을 구성하는 필수 요소 중 하나다. 표지판은 보통 2가지 기능을 한다. 사람들이 길을 찾는 데 도움이 되는 정보를 제공하고, 지켜야 할 규칙을 알린다.《파는 것이 인간이다》의 저자 다니엘 핑크는 '감성지능 표지판(emotionally intelligent signage)'을 강조한다. 감성지능 표지판은 이 두 가지 기능보다 더 깊이 들어간다. 핑크는 그 방법의 하나로 '목적의식을 부여하라'는 원칙을 강조한다. 즉, 사람들이 표지판에 게시된 규칙의 이유를 이해하도록 하여 공감을 이끌어내라는 말이다. 그러면 사람들이 그에 따라 고분고분하게 움직이게 된다. 예를 하나 들어보자.

사람들로 붐비는 거리 모퉁이에 조그마한 교회가 있는데, 주변에 넓은 잔디밭이 펼쳐져 있었다. 인근 지역의 많은 사람들이 그곳에서 개를 산책시키곤 했다. 그런데 개들의 배설물 때문에 고약한 냄새가 진동했다. 이 문제를 해결하기 위해, 즉 개 주인들의 행동을 바꾸기 위해 교회가 규칙을 알리는 표지판을 설치했다. "강아지의 배설물을 치워주세요." 그런데 별 효과가 없자 표지판을 이렇게 다시 바꾸었다. "아이들이 노는 곳입니다. 강아지 배설물을 치워주세요."로 바꾸었다.

서두 [문제]의 B처럼 '아이들이 노는 곳'이란 목적의식을 부여한 것이다. 효과는 금방 나타났다. 강아지 배설물을 치워 아이들이 자유롭게 놀 수 있게 하자는 의미의 표지판이 사람들의 행동을 바꾼 것이다. 목적의식에는 사람들이 싫어하는 것을 끌어와 피하도록 하는 문구를 만들 수도 있다. 사람들이 잔디를 밟아서 골치 아픈 경우라면 "들어가지 마시오."라는 문구보다는 "잔디밭에 들어가면 농약 냄새가 옷에 밸 수 있습니다."처럼 직접적으로 말하지 않고 상대가 들어가고 싶은 마음이 들지 않도록 문구를 바꾸는 것이다.

어느 구내식당의 벽에 "잔반을 줄이면 반찬의 가짓수가 늘어납니다."라는 플래카드가 붙어 있는 것을 본 적이 있다. "먹을 만큼만 가져가세요.", "잔반을 줄입시다."라는 문구에 익숙해 있던 나에게 아주 신선한 느낌을 주었다. 고객의 입장에서 잔반을 줄이려는 목적과 반찬의 가짓수가 늘어난다는 이익을 동시에 드러내는 표현이었기 때문이다. 고객에게 전화번호를 물어볼 때도 "제가 빨리 답변해 드릴 수 있도록 전화번호를 남겨주시겠어요?"라고 목적의식을 부여하는 것이 좋다. 이처럼 목적의식을 부여하면 사람들은 보다 큰 관심과 실천으로 화답한다. 길을 가다보면 도로 보수를 알리는 표지판에 "공사 중, 통행에 불편을 드려 죄송합니다. 현장 소장 백"이라고 쓰여 있는데, "○월 ○○일까지 더 넓고 안전한 도로로 바꾸는 중입니다."라고 하는 편이 훨씬 좋을 것이다. 또 산에 오르다 보면 "도토리 가져가지 마세요.", "야생 열매류를 채취하다 적발되면 벌금을 물립니다."라는 표지판들이 눈에 띄는데, 이것도 "도토리는 다람쥐의 겨울 식량입니다."라고 목적을 담은 부드러운 표현으로 바꾸면 훨씬 효과적일 것이다.

고수의 설득법

감성지능 표지판은 꼭 글에만 해당되는 것은 아니다. 그림이라면 시각적으로 더 효과적이다. 미국 캘리포니아주의 멕시코 국경선 부근 고속도로에서는 국경을 넘어 미국 땅으로 들어오기 위해 고속도로를 무단횡단하다가 차에 치어 사망하는 멕시코인의 숫자가 갈수록 늘었다. 미국 정부에서는 무단횡단 사망자를 줄이기 위해 다양한 표지판을 사용하여 운전자들의 감속을 유도했다. 그중 가장 효과적이었던 표지판에는 그림과 같이 어린이가 등장한다. 어린이가 부모에게 거의 질질 끌려가면서 고속도로를 무단횡단하고 있는 이 그림은 운전자들의 가슴을 아프게 만들었다. 이 표지판이 도입된 이후로 운전자들이 이 부근을 조심히 운전하면서 무단횡단 사망자 수가 크게 줄었다고 한다. 우리나라나 미국이나 '연민'이라는 감성은 매우 효과적인 설득 전략이 되는 셈이다.

표지판의 색깔과 강도도 수신자의 오감을 강하게 자극함으로써 전

©latimes.com

달력을 높이는 데 효과적이다. 독서를 하거나 서류를 읽을 때 중요한 부분에 형광펜으로 표시하는 이유도 중요한 내용을 더 잘 선택하기 위해서다. 이것을 도로에 적용한 것이 컬러 주행 유도선이다. 아무리 오래 운전을 했더라도 복잡하게 얽혀 있는 새로운 도로는 운전자가 헷갈릴 수밖에 없다. 특히 차로가 많은 교차로에 진입할 때는 다른 차선을 침범하거나 뜻밖의 방향으로 가게 될 수도 있다. 이런 상황에 도움이 되는 것이 컬러 주행 유도선이다. 분기점이나 나들목 같은 갈림길에서 운전자들에게 특정 방향의 경로를 미리 알려줌으로써 운전자들이 진출 경로를 사전에 확인하고 대비할 수 있게 만든 것이다. 주행 유도선은 색깔마다 특징이 있다. 갈라지는 차로가 한 방향이라면 분홍색, 두 방향이라면 분홍색과 녹색으로 표시한다. 이는 두 색상이 도로 노면 색상과 명도 차가 커서 식별하기가 쉽기 때문이다. 국토교통부에 따르면 컬러 주행 유도선을 설치한 후 분기점과 나들목에서 교통사고 발생률이 각각 22%, 40% 감소했다고 한다.

커뮤니케이션과 관련하여 아이들에게 키워주고 싶은 능력은 나라마다 조금씩 다르다. 일본에서는 많은 사람들이 자녀에게 남을 배려하고 상대방의 이야기를 경청하는 것이 중요하다고 가르친다. 미국은 다르다. 미국의 부모들은 보통 자신이 원하는 바가 무엇인지를 적극적으로 말하고 자신의 의사를 표현하는 것을 더 중요시한다. 유치원 때부터 대부분의 과제물을 친구들 앞에서 발표한 후 질문받고 답변하는 연습을 시킨다. 미국 등으로 유학을 간 우리나라 학생들 중에는 이런 식의 숙제에 익숙하지 않기 때문에 고생하는 경우가 많다. 일본은 정보의 수신 능력을, 미국은 정보의 발신 능력을 강조한다고 말할 수도 있다.

[그림]의 커뮤니케이션 과정의 모델을 살펴보면 수신자의 경청 능력 못지않게 발신자의 적극적 표현 노력이 중요함을 알 수 있다. 확실하게 수신자에게 전달하도록 충분하게 커야 한다. 또한 표지판에도 목적과 감성을 덧입혀야 한다. 안내나 규칙의 이유를 먼저 상기시켜 이해하고 공감할 수 있게 하면 더 많은 사람들이 따르고 실천할 것이다. 이러한 노력이 시민과 고객을 위한 진정한 소통이다.

# 간단한 시스템이
# 화려한 언변을 이긴다
### 그렇게 될 수밖에 없도록 만드는 방법

[문제] 한 회사에서 연수원 구내식당 직원들을 대상으로 잔반을 줄이기 위한 아이디어를 공모했다. 참고로 이 구내식당에서 가장 잔반이 많이 생기는 음식은 도우미들이 직접 배식하는 국이다. 당신이 심사위원이라면 다음 중 어느 아이디어에 가장 높은 점수를 주겠는가?

**A** 연수생들이 잔반의 양을 스스로 측정할 수 있는 저울을 설치하자.

**B** 도우미들을 대상으로 잔반으로 인한 환경오염 문제에 대하여 특별 교육을 실시하자.

**C** 국 그릇의 2/3만 국물이 담기도록 국자의 크기를 줄여주자.

"잔반을 줄인 만큼 음식의 가짓수가 늘어납니다."라는 플래카드를
식당 여러 곳에 게시하자.

매 학기마다 학부 강의는 대개 저녁 시간을 배정받는다. 월요일 저녁
은 학교 구내식당에서 먹게 되는데, 1년 전부터 자율 배식으로 바뀌었
다. 저녁에는 유독 닭칼국수가 자주 나오는 편이다. 식판, 숟가락과 젓
가락, 밥, 반찬 순서로 배열되어 있는데, 닭칼국수는 맨 마지막에 놓여
있다. 나를 비롯해 대부분의 사람들이 밥이 주메뉴인 줄 알고 많이 퍼
담았다. 닭칼국수가 주메뉴인 줄 알았다면 조금만 담았을 것이다. 그럼
많이 담은 밥을 다시 덜어내려고 되돌아간 사람이 있었을까? 내가 관
찰한 바로는 한 사람도 없었다. 대부분이 다 먹지 못한 밥을 나중에 잔
반으로 버리고 있었다. 잔반을 줄이는 방법은 아주 간단하다. 닭칼국수
를 밥보다 먼저 배치하면 된다. 우리나라에서는 음식물 쓰레기로 연간
15조 원이 넘는 비용이 낭비되고 있고, 이것이 환경오염의 주요 원인이
되고 있다고 한다. 한 회사의 연수원 구내식당에서도 넘쳐나는 잔반 문
제로 골치를 앓다가 직원들을 대상으로 잔반을 줄이기 위한 아이디어
를 모았다. 그래서 우선 잔반을 많이 남기는 연수생에게 벌금조로 100
원을 내게 하기도 하고, 밥과 김치 등 본인이 음식량을 선택하게 하기
도 했으며, 심지어 연수생들이 잔반량을 스스로 측정해 볼 수 있는 저
울을 설치하기도 했다.

하지만 연수생들의 적극적 협조가 없어 이런 여러 방법들이 큰 효과를 내지는 못했다. 식당 측은 취사와 배식을 맡은 도우미들을 대상으로 음식 쓰레기로 인한 낭비와 환경오염의 심각성을 일깨워주기 위한 특별 교육을 실시했다. 특히 배식 담당 도우미에게는 국을 너무 많이 퍼주지 말라고 주문했다. 그러자 국자에서 국물을 조금 덜어내느라 불편할 뿐 아니라 국을 조금씩만 주라는 말에 인정 많고 마음이 후한 도우미들은 몹시 상처를 받았다. 이 문제는 국자 크기를 약간 줄임으로써 국물 양을 조절하는 작업 부담을 없애는 동시에 도우미들의 마음의 부담을 덜어주는 방법으로 효과적으로 해결됐다(서두 문제의 정답은 각자 생각이 다를 것이다. 모두 괜찮은 아이디어다. 만약 내가 심사위원이라면 C에 제일 높은 점수를 주겠다. "잔반을 줄이면 음식의 가짓수가 늘어납니다."라는 긍정형 표현도 본인에게 돌아갈 이득을 강조한 것이어서 설득 효과가 높을 것으로 생각되어 D에 두 번째 높은 점수를 주겠다).

어느 고속도로 휴게소에서 겪은 일이다. 나를 포함하여 대여섯 명이 각자 음료를 주문해서 마시는데, 주스를 마시던 한 분이 내게 커피를 조금 나눠달라고 했다. 마침 양이 많아서 마시기가 부담스러웠던 터라 점원에게 컵 하나를 부탁했다. 그런데 점원은 "안 됩니다. 필요하시면 옆에 있는 편의점에 가서 사세요."라며 정색을 하고 거절했다. 대단히 불쾌하고 무안했다. 그날 판매액을 결산하는 기준이 '컵 개수×단가'라는 사실을 나중에야 알았다. 휴게소의 커피점 직원은 고객의 부탁을 들

고수의 설득법

어주고 싶지 않아서가 아니라 들어줄 방법이 없었던 것이다. 이쯤 되면 '고객만족경영'을 슬로건으로 내세우고 고객의 편의성과 친절을 강조하는 경영자의 노력과 스마일 교육은 무력화된다. 결국 컵의 숫자를 통한 (삥땅을 방지하기 위한) 재고 관리 시스템이 경영자의 철학과 스마일 교육을 이기게 되는 것이다. 시스템보다 더 강력한 소통은 없다

## 성과 목표를 한 방향으로 정렬하라

시스템이란 하드웨어적이건 소프트웨어적이건 간에 직원이 고객을 만족시키고 회사가 고객에게 한 약속을 지키기 위해 사용할 수 있는 모든 수단을 의미한다. 예를 들어 어느 항공운송 회사가 고객에게 "내일 아침 10시까지 배달해 드리겠습니다."라고 약속했다면, 이 약속을 지키기 위해 실행하거나 활용하고, 측정하고, 평가하고, 보상하는 모든 것을 시스템이라고 할 수 있다. 탁월한 리더라면 내실 있는 고객만족경영을 실천하기 위해서 스마일 교육뿐만 아니라 특히 성과관리제도 같은 시스템적 수단을 적절하게 활용해야 한다. 시스템이란 '그렇게 하라고 말하는 대신에 그렇게 될 수밖에 없도록 만드는 일'이라고 할 수 있다.

19세기에 영국은 죄수들을 배에 실어 호주로 보냈다. 영국 정부는 배를 가진 선장과 계약을 맺고 이송비를 지급했다. 보통 한 배에 500명씩 태워 보냈는데, 가는 도중에 30%, 즉 150명 정도가 죽었다. 선장들이 위생 문제를 방치하고 죄수들에게 먹을 것을 제대로 주지 않았기 때문이다. 그러던 어느 날 한 배에선 사망자가 단 1명에 그치는 기적적인

일이 발생했다. 이유는 단순했다. 정부가 이송비를 지급하는 룰, 즉 이송비 지급 기준을 바꾼 덕택이었다. 이전에는 영국에서 배에 오른 죄수의 숫자에 따라 선장에게 돈을 줬다. 하지만 바뀐 룰에 따르면 몇 명이 탔느냐는 중요하지 않았고, 몇 명이 살아서 도착했는지에 따라 지불했다. 선장들은 더 많은 이송비를 받기 위해 배의 정원만큼 죄수들을 태우고 깨끗한 위생 시설과 좋은 음식을 제공한 것이다. 인간의 존엄성과 윤리 교육보다도 이것을 가능하게 만드는 환경과 성과관리 기준이 더 효과적인 도구가 되는 것이다.

회사라는 조직의 내면을 잘 들여다보면 갈등이나 비효율의 상당 부분이 소통 부재나 대화 스킬 부족 때문에 생기는 것이 아니라 적절한 '룰(제도, 성과 지표)'이 없어서 빚어지는 경우가 많다. 조직의 상하 관계에서의 갈등도 마찬가지다. 예를 들어 직원들이 가장 불만을 갖는 것은 '상사의 수시 호출'이다. 어떤 임원은 보고를 하러 들어가면 지금 바쁘니 이따 전화로 부르겠다고 한다. 그러면 직원은 하루 종일 자리를 비울 수가 없다. 예측이나 통제가 불가능한 일정을 사전에 예측 가능하도록 해주는 것이 중요하다. "이따 오후 2시에 다시 와주게."라고 시간을 지정해 줘야 직원은 외근을 나가거나 본인 업무에 몰두할 수 있다.

미국의 노동학자인 글로리아 마크(Gloria Mark)가 소프트웨어 회사 직원들을 대상으로 한 조사에 따르면, 전화나 상사의 수시 호출 때문에 업무를 방해받는 횟수가 1시간에 20번 이상으로 나타났다. 직원들은 평균 3분 이상 어떤 일에 몰두하지 못하고 있는 것이다. 이를 막기 위한 시스템으로 어떤 회사는 '업무 집중 시간' 제도를 운영한다. 이 제도의 핵심은 상사가 직원들을 '호출'할 수 있는 특정 시간을 정해두는 것이다. 예를 들어 직원들의 업무에 대한 몰입도가 높은 오전보다는 점심후 비교적 여유가 있는 2시부터 4시 사이에 직원을 불러 업무를 지시하거나 피드백하도록 하는 것이다.

잘못된 제도나 성과 지표가 고객 불만을 유발하는 요인이 되곤 한다. 고객만족경영의 효시라 할 수 있는 스칸디나비아항공(SAS)의 얀 칼슨(Jan Carlson) 전 사장도 이와 비슷한 일을 겪은 적이 있다. 처음에는 화물 운송 부분의 평가를 '화물 수송량' 기준으로 했다. 그러자 직원들이 '수송량'에만 신경을 쓰고 '정시 도착'에는 아무도 관심을 갖지 않아 예정된 시간에 배달되지 않는 경우가 많았다. SAS는 평가 기준을 '확실성'으로 바꾸었다. 그제야 직원들은 배송일이 준수되었는지, 화물이 정해진 비행기에 탑재되었는지, 화물이 도착해 인도되기까지 시간이 얼마나 걸렸는지 등에 신경을 쓰게 되어 고객의 니즈가 비로소 충족되었다.

나는 은행원 출신임에도 불구하고 여러 은행에서 아직도 신용카드 가입 권유를 받는다. 이미 여러 장 갖고 있다고 거절하면 "적당히 쓰시다 콜센터에 전화해 더 이상 못 쓰겠다고 해지하십시오. 그러면 카드 연회비도 면제해 드립니다."라면서 재차 권유하곤 한다. 회사의 고객만족과 생산성을 강조하려는 노력은 적절한 성과관리 지표가 함께 설계되어야 한다. 이 문제는 성과관리 지표를 신규 카드 발급 건수가 아니라 카드 발급 후 일정 기간에 사용된 카드 개수만 성과에 반영하면 바로 해결할 수 있다. 카드 발급 후 고객이 사용한 금액을 평가 기준으로 삼는다면 더 바람직할 것이다. 한 걸음 더 나아가 신용카드 발급 후 일정 기간 안에 해지되는 카드 개수를 집계해서 평가 점수에서 차감한다면 내가 당한 나쁜 세일즈는 단번에 사라질 것이다.

스마일 교육이나 설득 커뮤니케이션 스킬 교육은 내·외부 마케팅을 위한 적절한 방법이다. 그러나 이것만으로는 결코 충분하지 않다. 고수는 '그렇게 하라고 말하는 대신에 그렇게 될 수밖에 없도록 만드는 것', 즉 시스템을 효과적으로 설계한다. 시스템이 결국 스마일과 커뮤니케이션을 이기기 때문이다.

# 공간이 달라지면 마음도 달라진다
공간과 가구를 이용한 커뮤니케이션

[문제] W백화점의 박 부장은 최근 발생한 고객 클레임을 해결하기 위해 오늘 회의를 하기로 했다. 심각한 주제이긴 하지만 우호적인 분위기에서 대화를 진행하려고 한다. 다음 중 회의실 가구 배치로 더 적당한 것은?

**A** 회의실을 둥글게 마감된 가구들로 채운다.

**B** 회의실에 모서리와 꼭짓점이 분명한 직선형 가구들을 놓는다.

"창의성을 말하는 회사가 있고, 공간으로 보여주는 회사가 있습니다." 요즘 라디오에서 자주 듣는 한 가구 회사의 광고 카피인데, 밀레니엄 세대의 특징을 잘 잡아냈다는 생각이 든다. 과거 튀지 않는 색깔의

각 잡힌 책상들이 일렬로 나란히 배치되었던 사무 공간은 이제 다양한 형태로 진화되고 있다. 일터인지 카페인지 놀이터인지 구분되지 않는 경우도 있다. '똑똑하게 일하기(work smart)' 시대에 공간이 직원들의 창의성을 향상시키고 업무 효율에도 큰 영향을 미친다는 새로운 인식 때문이다.

## 국내외 기업들의 공간 활용 사례

직원들의 창의성을 향상시키고 커뮤니케이션을 촉진하는 가장 좋은 방법은 심리적으로 회사를 편안하게 느끼도록 하는 것이다. 그러기 위해서는 직원들 간에 친밀감을 높이고 자유롭게 소통하며 아이디어를 교환할 수 있는 환경을 조성해 주어야 한다. 그런 이유로 고어텍스로 유명한 고어(Gore)는 회사 내에 회사명을 나타내는 간판을 최소화하고 있다. 가급적 직원들이 회사에 있다는 생각을 갖지 않고 편안한 분위기에서 일할 수 있도록 하기 위해서다. 또한 고어는 휴양지를 연상시키는 인테리어를 추구하여 임직원은 물론 방문객에게도 편안한 분위기를 연출하고 있는데, 특히 자연 채광이 가능하도록 설계하여 생산성 향상 효과까지 더하고 있다고 한다(연구 결과에 따르면 자연 채광이 가능한 창가에 근무하는 직원들의 스트레스 관련 증상이 사무실 안쪽에서 근무하는 직원들보다 23% 적다).

세계적 자산운용사인 미국 SEI 인베스트먼트는 층간 에스컬레이터를 설치해 다른 층에 있는 직원과도 서로 자주 대면하게 함으로써 친근감을 높일 뿐만 아니라 이동 시간을 단축시키는 효과까지 거두고 있다. 또한 책상, 의자, 회의 탁자, 캐비닛 등 모든 가구에 바퀴를 달았다. 이동의 편의성을 높이고 직원들이 언제든지 서로 만나 자연스럽게 대화할 수 있도록 유도하기 위해서다. 이야기꽃을 피우는 곳으로 만든 것이다. 애니메이션 제작사 픽사의 설립자이기도 한 스티브 잡스는 픽사 사옥을 지을 때 남녀 화장실 4개, 회의실 8개, 카페, 식당을 모두 거대한 중앙 로비에 몰아넣었다. 역시 구성원들 사이의 우연한 만남을 유도해 사안을 공유하고 이야기꽃을 피우게 하기 위해서다. '꿈의 직장'으로 불리는 구글도 마찬가지이다. 구글 사옥은 정형화된 사무실 이미지가 없다. 뉴욕, 런던, 서울 등 전 세계에 위치한 구글 사옥은 제각각 개성 넘치는 모습을 자랑한다. 구글은 '메인 스트리트'라고 불리는 스낵바와 미니 주방을 회사 곳곳에 설치하여 직원들의 비공식적인 만남을 활성화시키는 것으로 유명하다. 메인 스트리트에는 순간적으로 떠오르는 생각을 적을 수 있도록 '아이디어 보드'가 붙어 있다. 아무리 넓은 화이트보드라도 얼마 지나지 않아 낙서로 가득한 벽화가 되고 만다.

국내 기업들의 사무실 풍경도 크게 달라지고 있다. 카드 업계에 다양한 혁신의 화두를 던지고 있는 현대카드 사옥은 두 가지로 유명하다. 첫 번째로는 본사 사옥 1층 벽면에 LED 모니터로 고객만족팀에 접수된 다양한 고객 불만 사항을 실시간으로 보여주는데, 회사에서는 이를 '통곡의 벽'이라고 부른다. 고객의 불만을 고객만족팀에서 해결하는 데 그치지 않고 전사 차원에서 모든 직원이 모니터를 통해 직접 눈으로 확인하게 하려는 의도이다. 두 번째로는 사옥 3층을 '디지털 오피스'로 변신시켰다. 3층을 비롯해서 사옥 곳곳에는 코딩 언어가 새겨져 있다. 사내 카페와 식당, 휴게실, 회의실, 심지어 에스프레소 머신에도 코딩 언어가 붙어 있다. 전 직원이 자연스럽게 코딩 언어에 익숙해지도록 하기 위해서다.

위 사례들은 모두 인간의 심리가 공간과 주변 환경에 크게 영향을 받는다는 사실을 잘 알고 있기 때문에 취해진 조치다. 그럼 서두 [문제]에서 박 부장은 네모난 탁자보다는 둥근 원탁에서, 딱딱한 의자보다는 푹신한 의자에 앉아 이야기를 나눠야 우호적인 분위기가 조성될 수 있다는 점에 유념하여 회의실 가구를 배치해야 한다(그러므로 서두 문제의 정답은 A이다). 이는 연구 결과로도 입증되고 있다.

미국 오리건 주립대학의 시벨 다즈키르(Sibel S. Dazkir)는 100명의 참가자에게 인터넷을 통해 곡선형과 직선형의 가구가 각각 배치되어 있는 사진을 보여주고 어떤 느낌이 드는지를 평가해 달라고 요청했다. 참가자들은 각각의 방에서 얼마나 행복을 느끼는지, 얼마나 오랫동안 머물고 싶은지, 각 방의 분위기가 얼마나 사교적으로 느껴지는지 등을 대답했다. 다른 효과를 배제하기 위해 다즈키르는 가구의 색깔을 모두 회색으로 통일시키고 일체의 장식품을 배제했다.

전체적으로 참가자들은 두 개의 방이 모두 따분하게 느껴진다고 답했다. 실험을 위해 의도적으로 흑백사진을 보여줬고, 다른 장식품들을 배제하느라 가구 배치를 단조롭게 했기 때문이다. 그럼에도 불구하고 참가자들은 곡선형의 가구가 배치된 방이 더 편안해 보인다고 평가했다. 주관식 설문에서도 참가자들은 곡선형의 방이 자신을 환대하는 듯하고 조용한 느낌을 준다고 대답했다.

"사실 사람의 본질은 크게 변하지 않는데, 공간에 따라 마음가짐이나 행동 방식이 지배를 받게 됩니다. 그래서 공간을 창의적으로 만들면 구성원의 창의성도 발휘될 수 있을 것이라 생각했습니다." 배달의민족을 운영하는 우아한형제들의 김봉진 대표의 말이다. 그래서 이 회사의 사무 공간은 안정감 있는 대화를 나누기 위해 둥글게 앉아서 회의할 수 있도록 만들었다. 계단과 복도 등의 공용 공간 곳곳에는 서로 부딪치지 않기 위해 노란 선을 넣고 세심한 문구들을 적어 넣는 등 서로를 배려하는 디자인을 시도했다.

우리 모두는 공간에 지배당한다. 《행복의 건축》이란 책에서 알랭드 보통(Alain de Botton)이 "장소가 달라지면 나쁜 쪽이든 좋은 쪽이든 사람도 달라진다."라고 말한 것처럼, 공간으로 대표되는 환경은 늘 우리의 생각과 감정, 신체 반응에 강력하게 영향을 미치는 것이다.

## 위워크는 무엇을 파는 회사일까

최근 미국의 공유 오피스 업체인 위워크(WeWork)가 경기 불황으로 공실률이 높아져 수익성이 악화되고 있다는 보도가 있었다. 부동산 임대업을 하면서도 정작 자기 빌딩은 하나도 없는 위워크는 2010년 창립이래 무서운 속도로 성장해 왔다. 많은 기업이 위워크 건물에 입주하고 싶어 한다. 아마존, 마이크로소프트, 에어비앤비 같은 유수의 정보기술 (IT) 회사의 핵심 부서가 그들의 사옥이 있는데도 인근 위워크에 입주하고 있다.

위워크는 편리한 위치에 있고 내부가 아름다우며 효율적인 인테리어를 갖추고 있다. 하지만 이게 다가 아니다. 위워크의 진짜 가치는 공간 자체가 아니라 그 공간을 이용하는 사람들의 '관계'에 있기 때문이다. 위워크에는 '건물 관리인' 대신 '커뮤니티 매니저'가 존재한다. 커뮤니티 매니저는 위워크에서 일하는 사람들을 이어주는 주기적인 이벤트를 기획하거나, 같은 위워크 사무실 혹은 가까운 지역의 위워크 사무실에 있는 사람 중 시너지 효과를 낼 수 있는 사람들을 연결해 주는 일을 한다. 이 연결은 온라인 시스템을 통해서도 이어진다. 위워크 사무실에 입주하면 스마트폰 앱을 통해 회원끼리 교류하는 온라인 커뮤니티에 가입할 수 있다. 디지털 플랫폼을 통해 전 세계에 있는 위워크 회원 중 함께 일하고 싶은 사람을 찾기도 하고, 자신의 분야와 관련된 전문가를 찾아서 조언을 구할 수도 있다.

커뮤니티 경험을 팔고자 하는 이러한 위워크 전략은 공간 구성에도 영향을 미친다. 소파, 테이블, 의자 등을 배치할 때 가장 중요하게 생각하는 것은 그런 물건들이 사람들 사이를 자연스럽게 이어주는 역할을 충실하게 하는가이다. 다소 느슨해 보이는 디자인의 소파나 의자, 자연스럽게 흐트러진 소품은 그 공간에서 생활하는 사람들을 심리적으로 편안하게 해주고, 그런 심리적 상황은 주변에 있는 타인의 접근에 관대한 마음을 갖게 한다. 공용 공간에 흥미로운 조형물이나 재미있는 물건을 의도적으로 놓아 대화를 유도하기도 한다. 한마디로 위워크는 일하는 공간이 아니라 커뮤니티를 파는 것이다.

## 가구 배치는 곧 커뮤니케이션이다

K은행 시절 내가 근무했던 콜센터는 당시 업무적으로는 은행 업무와 카드 업무로, 지리적으로는 대방동과 역삼동으로 나뉘어 있었다. 두 곳 모두를 맡은 내게는 각 센터 직원들의 뚜렷한 차이가 금세 눈에 들어왔다. 대표적으로 상담원들 간의 친밀도와 커뮤니케이션 횟수에서 크게 차이가 났다.

내 나름대로 관찰해 보니 가장 큰 원인은 상담원의 좌석 배치 방식에 있었다. 대방동의 은행 콜센터는 비교적 넓은 공간에 좌석이 ㅁ자형(벤젠형)으로 배치되어 있어서 의자만 돌려서 앉으면 원탁을 중심으로 자연스럽게 회의를 하거나 담소를 나눌 수 있게 되어 있었다. 상담원들은 아침마다 김밥, 음료수, 다과 등을 놓고 회의를 하거나 한바탕 이야기꽃을 피우곤 했다. 반면에 역삼동의 카드 콜센터는 11자형으로 한 사람이 통행할 정도의 좁은 공간을 가운데 두고 두 줄로 쭉 앉아 있는 형태였다. 상담원들이 옆 직원과 얘기라도 나누려면 부스 밖으로 나와 의자를 뒤로 빼서 통로를 막아야 하고, 아침 미팅 때도 진행자 주변에 길게 서서 잠시 업무를 전달하는 정도에 그치고 있었다. 그렇다고 휴게실까지 가서 서로 얘기를 나누며 친밀감을 쌓기에는 상사 눈치도 보이고,

그럴 시간을 내기도 마땅치 않았다.

공간과 가구는 묘한 커뮤니케이션 매체다. 콘셉트를 어떻게 설정하느냐, 동선을 어떻게 잡느냐, 가구를 어떻게 배치하느냐, 조명을 어떻게 하느냐에 따라 사람들의 느낌과 행동이 달라진다. 구글이나 현대카드처럼 건물이나 배경을 바꾸기 어렵다면 좌석이나 가구 배치를 바꾸는 것만으로도 직원들 간의 커뮤니케이션을 촉진시킬 수 있다. K은행 콜센터처럼 가구 배치만으로도 커뮤니케이션이 달라지기 때문이다. 최근 기업의 사무 공간 배치는 프라이버시보다는 커뮤니케이션 활성화에 중점을 두는 쪽으로 변하고 있다.

근래 많이 도입하고 있는 링크형 배치는 직원들이 서로를 마주 볼 수 있게 함으로써 커뮤니케이션을 돕는 형태이다. 벤젠형의 경우 업무 집중도가 높고 평소에는 직원들이 서로 등지고 있는 형태지만 직원들 사이에 탁자를 두어 필요할 때는 언제든 커뮤니케이션이 가능하도록 한 구조이다. 포스코는 최근 팀장이 팀원들을 보게 하는 고전적인 자리 배치에서 벤젠형으로 배치를 바꾸어 직원 간 의사소통이 예전보다 많

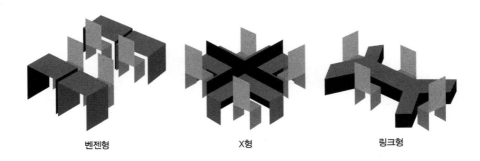

벤젠형    X형    링크형

이 나아졌다고 한다. 반대로 X형 배치는 개인 공간이 커서 업무 집중과 프라이버시 보호에 유리하나 직원 사이의 거리가 멀어 커뮤니케이션 측면에서는 보완이 필요한 구조라고 할 수 있다.

공간은 그 공간에 머무는 사람들에게 실제로 크고 작은 영향을 끼치는 커뮤니케이션 도구라 할 수 있다. 그러므로 공간과 가구 배치를 단순한 사무실이나 업무 도구로 대하지 말아야 한다. 공간과 가구 배치를 이러한 관점에서 새롭게 들여다본다면 당신도 설득의 고수가 될 수 있다.

# 나 자신과 '대화' 하라

### 유혹을 물리치는 법

[문제] 최 교수는 이번 학기에 학생들이 과제 제출 기일을 지키지 못하면 감점하기로 했다. 다음 중 학생들의 과제 제출률을 가장 높일 수 있는 방법은?

A "세 과제를 언제 제출할지를 학생 스스로 정해서 마감일을 적어 내고 반드시 기한을 지켜주세요."

B "모든 과제를 학기 마지막 수업 때 한꺼번에 제출해 주세요."

C "세 과제의 마감일은 4주차, 8주차, 12주차입니다."

"식사량 조절이 필요하고, 정상 체중을 유지하기 위해서 운동량을 늘려야 합니다. 걷기, 조깅, 수영, 등산 등이 도움이 됩니다." 지난해 '표준 체중 초과'라며 병원에서 내게 보내준 건강검진 결과 보고서의 첫 줄이다. 적정 체중은 63kg이라고 적혀 있었다. 이번 기회에 연말까지는 반드시 적정 체중을 달성하겠다는 목표를 세웠다. 문제는, 무려 6~7kg을 줄여야 했다.

여름이 시작될 때쯤 계산기를 꺼냈다. 생각해 보니 연말까지 6개월 동안 매달 1kg만 빼면 달성할 수 있는 수치였다. 그럼 매주 250g만 줄이면 된다. 다시 하루로 나눠보니 달걀 하나 무게도 안 되는 50g씩만 줄이면 된다는 결론이 나왔다.

무릎도 좋지 않아 그간 해오던 조깅 대신 수영을 주 2~3회씩 했다. 한 달을 했는데도 몸무게에 전혀 변화가 없었다. 식사량과 운동량에 변화가 없었던 것이다. 그제야 '똑같은 방법을 반복하면서 다른 결과가 나오기를 기대하는 사람은 정신병자다'라는 아이슈타인의 말이 생각났다.

딱 세 가지 변화를 시도하기로 했다. 우선 수영을 주 4~5회로 늘렸다. 걷는 시간을 확보하기 위해 가까운 거리는 대중교통을 이용하기로 했다. 점심은 맘껏 먹되 저녁은 배부르지 않을 정도로 약간 적게 먹었다. 그랬더니 두 달이 지나 드디어 몸에 변화가 오기 시작했고, 5개월 만에 적정 체중이 되었다. 더불어 너무 헐렁해져버린 양복바지도 허리띠도 모두 바뀐 허리둘레에 맞추어 확 줄여버렸다(다시 허리가 늘어나면 이젠 모두 버려야 할 판이다).

인생의 큰 그림도, 한 해의 목표 달성도 이와 유사한 방법을 적용할 수 있을 것이다. 우선 짧은 간격으로 목표를 세워 마감을 설정하는 것이다. 단기 목표는 실현 가능한 눈앞의 목표이기 때문에 달성 가능성도 높고, 하나씩 목표를 이뤄가다 보면 어느새 성취감을 느끼고 있는 자신을 발견하게 된다.

## 장기적 이익과 눈앞의 유혹

그러나 회계사 시험에 합격하겠다는 큰 목표는 물론이고, 체중 감량과 같은 작은 목표도 실제 달성하는 사람은 생각보다 많지 않다. 사람들의 마음속에는 눈앞의 욕심을 채우려는 악마와 미래의 이익을 중요시하는 천사가 함께 들어 있어서 괴로운 갈등이 반복된다. 좋지 않은 줄 알면서도 때로는 맛있는 음식을 배불리 먹거나 다음날 숙취로 고생할 것을 뻔히 알면서도 폭음을 반복한다. 독서실에 파묻혀 시험공부를 하기보다는 연인과 데이트를 즐기거나 쇼핑하기를 더 좋아한다. 심지어 쇼핑의 유혹을 이기지 못해 사채와 카드빚에 허덕이는 사람도 있다. 고객을 찾아다니는 일보다는 커피숍에서 수다를 떠는 것이 더 즐겁고 편하다. 우리는 장기적인 이익보다는 당장 눈앞의 이익과 달콤한 유혹에 자주 굴복한다. 이는 인간의 본능적인 현상이기도 하다.

독하게 마음먹고 다이어트를 해서 얻게 될 만족감은 먼 미래의 일이고, 당장 손만 뻗으면 먹을 수 있는 피자의 만족감은 너무 가깝다. 이러한 현상을 심리학에서는 '현재 편향(present bias)' 또는 '현재 중시 편향'이라고 부른다. 인간은 미래의 효용과 비용에 대해 합리적으로 판단하지 못하며, 현재에 지나치게 큰 비중을 둔다는 것이다. 노후에 내가 누릴 것들보다 지금 당장 소비하는 일이 더 즐거워 저축을 안 하는 것도 바로 그런 이유 때문일 것이다. 이러한 본능적인 현상을 이해한다면 우리 스스로 본능을 제어하고, 미래의 장기적인 이익을 지켜내며, 계획이 무너지려 할 때 현명한 결정을 내릴 방법이 필요하다. 한마디로 연약한 자제력을 지켜낼 특단의 방법이 있어야 한다.

"우리 모두는 두 가지 고통 중 하나는 겪어야 한다. 절제의 고통과 후회의 고통이다. 절제의 고통이 주는 무게는 몇십 그램에 불과하지만 후회의 무게는 몇 톤에 달한다는 점이다." 미국의 자기계발 강사인 짐 론(Jim Rohn)의 말이다. 인간의 연약한 자제력을 지키는 방법 중 하나는 강력한 규칙을 정해 현재의 행동을 제약하는 '자발적 잠금 전략'이다. 이는 요염한 목소리로 사람들을 홀려 바다에 빠뜨리는 마녀 세이렌의 유혹을 물리치기 위해 자신을 돛대에 묶어 위험에서 벗어난 오디세우스 같은 전략을 말한다.

오디세우스는 10년에 걸친 트로이와의 전쟁을 승리로 이끌고 귀향하면서 지중해를 건널 때, 세이렌의 노래 소리를 듣고 싶어 한다. 세이렌은 몸은 새이지만 여성의 얼굴과 목소리를 가진 바다 괴물로, 매혹적인 목소리로 사람들을 유혹하여 급류로 배를 몰아서 배가 바위 절벽에 부딪혀 죽게 만들곤 했다. 오디세우스도 세이렌의 노랫소리에 유혹당할 수밖에 없다는 것을 알고 미리 방책을 세우기로 했다. 부하들의 귀를 모두 틀어막게 하고, 자신은 돛대에 꼼짝 못하게 묶어두라고 한 것이다. 그리고 오디세우스는 그곳을 완전히 통과하기 전까지는 자신의 명령을 아무도 따르지 말라고 명령한다. 그리스 신화에 나오는 이야기다(요즘 경찰차나 구급차의 '사이렌'이라는 말은 '세이렌'의 이름에서 유래했다). 자신의 약점을 알고 있었던 오디세우스는 미리 자신을 결박하는 묘수를 두어 세이렌의 유혹을 이기고 무사히 고향으로 돌아갈 수 있었다.

미국 몇몇 주에선 개인들이 자발적으로 자신의 이름을 도박장 출입 금지 명단에 올릴 수 있는 프로그램을 제공하고 있으며, 술에 대해 혐오감을 느끼고 조금만 마셔도 구토하는 약(제약회사 이름이 '오디세이')을 팔기도 한다. 나중에 후회하게 될 선택을 실행 불가능하게 하거나 비용이 많이 들게 만들어 놓음으로써 '오디세우스 돛대에 묶기 전략'처럼 자신을 자승자박하는 프로그램인 것이다. 내가 바지와 허리띠를 모두 줄여버린 것도 원래 몸무게로 돌아가지 않겠다는 자승자박 전략이라고 볼 수 있다. 꿈이나 목표를 다른 사람에게 공표하거나, 공부를 하기 위해 도서관에 가는 것, 신용 카드를 만들지 않는 것 등도 여기에 해당된다. 과소비로 갈등을 겪는 사람이라면 잠금 전략으로 유동성이 높은 현금 자산을 유동성이 낮은 부동산이나 주식으로 바꾸고, 해약 수수료가 높은 저축 또는 연금에 가입함으로써 미래의 이익을 지키지 못하고 자멸하는 행동을 미리 막을 수 있을 것이다.

미국의 행동경제학자 댄 애리얼리의 실험은 이러한 잠금 전략의 효과를 잘 보여준다. 첫날 수업에서 학생들에게 12주 강의 동안 세 가지 과제를 제출해야 한다고 말했다. 다만 반별로 제출 방법을 따로 정했다. A반에서는 과제를 언제 제출할지 스스로 정해서 반드시 마감일을 지켜 제출하라고 했다. B반에서는 학생들에게 마감일을 정하지 않을 테니 모든 과제를 학기 마지막 수업 때까지 제출하도록 했다. C반에서는 독재적 방식을 택하여 세 가지 과제의 마감일을 각각 4주차, 8주차, 12주차로 정했다.

실험 결과, 가장 좋은 점수를 받은 그룹은 마감일을 정해놓은 C반 학생들이었다(따라서 문제의 정답은 C다). 반대로 마감일을 정하지 않은 B반의 학생들이 가장 나쁜 점수를 받았다. 과제별로 마감 기한을 정하지 않은 채 마지막에 몰아서 하다 보니 서두르게 되어 제대로 마무리하지 못했던 것이다. 스스로 마감일을 정하도록 한 A반 교실의 학생들은 그래도 중간 성적을 거두었다. 이 실험 결과가 의미하는 바는 자유를 최대한 제한하는 것이 미루는 습관을 방지하는 최선의 방식이며, 학생들이 마감일을 정할 수 있도록 계획표를 나눠 준 것만으로도 더 좋은 학점을 따는 데 도움이 되었다는 사실이다. 이것이 우리가 연간 목표를 정하고, 주간 계획과 월간 목표를 세워야 하는 이유이다.

## 또 다른 자승자박, 공언 효과

새해가 되면 우리 모두는 여느 해처럼 또다시 새로운 각오와 목표를 세우게 될 것이다. 그러나 작심삼일이라는 말이 있듯이 자꾸 미루게 되고 실천에 옮기기가 쉽지 않다. 담배를 끊겠다고 수백 번 다짐해도 결국은 또 피우고 만다. 이럴 때 실천력을 강화하는 또 다른 자승자박 전략이 있다. '내가 이렇게 하겠다', '이런 목표를 달성하겠다', '이런 사람이 되겠다' 같은 목표나 결심을 주변에 소문내고 떠벌리는 것이다. 만약 당신이 체중을 줄이려고 노력 중이라면 패스트푸드 회사에 고칼로리 음식을 만들지 말라고 요구하기보다는 수프와 샐러드만 파는 식당에 가야 한다. 그리고 그러한 사실을 주위 사람들에게 떠벌려야 한다. 술이나 담배를 끊겠다는 결심도 마찬가지다. 자신이 달성하고자 하는 목표를 공개적으로 알림으로써 주위 사람들의 지원을 얻어내는 것이다. 자신의 목표를 공개하면 책임감 때문에 약속을 지키려고 더 노력하게 된다. 이렇게 공언을 통해 목표를 실천하고 자신의 잘못된 행동이나 습관을 고치는 심리 현상을 '공언 효과(profess effect)' 또는 '떠벌림 효과'라고 한다.

나는 외국계 은행에 들어가면서 5년 이상 있지 않겠다고 공공연히 밝혔기 때문에 '전문가의 길'로 어렵지 않게 되돌아올 수 있었다. 책을 쓸 때도 그렇게 했다. 최소 1년 전부터 내가 앞으로 무슨 책을 쓰겠다는 약속을 저자 소개란에 미리 밝혀두거나 트위터나 페이스북을 통해 주변 사람들에게 퍼트렸다. 이미 내 계획과 의지를 공개했기 때문에 이를 어기거나 지연시키면 실없는 사람이 되므로 생각보다 빠르게 결정하고 새 책 집필에 착수할 수 있었다. 사람들이 참을성이 부족하고 장기적 관점을 갖지 못하는 이유 중 하나는 나중에 받게 될 보상의 가치를 너무 낮게 평가하기 때문이다. 미래에 받을 수 있는 보상을 현재 누

고수의 설득법

릴 수 있는 보상과 똑같은 가치로 여기기 위해 가장 필요한 덕목은《마시멜로 이야기》에서 배웠던 바로 그 '자제력'이다.

일기는 대표적인 '나 자신과의 대화'다. 먼저 나 자신과의 '대화'가 중요하다. 예를 들어 체중을 줄인다는 목표를 세웠다면 이를 공개적으로 선언하고, 매주 그 결과를 기록하고 문구로 시각화하는 것이 곧 자신과의 대화 방법이 될 것이다. '자발적 잠금 전략'과 '공언 효과'를 적극 활용하면 나약한 자제력의 함정에서 벗어나 '실천의 고수'가 될 수 있을 것이다.

# 슬쩍 찔러라

### 당근보다 넛지로 소통하는 법

[문제] 서울의 M호텔은 환경보호를 위해 투숙객들의 수건 재활용을 촉진하기 위한 홍보 문구를 만들었다. 다음 중 가장 효과적인 것은?

**A** "수건을 재활용함으로써 환경보호에 동참해 주세요."

**B** "우리 호텔 투숙객의 75%가 수건 재활용에 참여했습니다."

**C** "이 방 투숙객의 75%가 수건 재활용에 참여했습니다."

대학에서 여러 해 동안 '비즈니스 커뮤니케이션' 과목을 강의하고 있다. 수업은 팀별 주제 발표에 이어 질문과 토론을 거친 다음 내가 피드백하는 순서로 진행된다. 활발한 토론을 유도하기 위해 토론에 참여한 학생에게 가점을 주겠다고 했는데도 학생들의 참여도는 기대에 미치지 못했다. 그래서 전략을 바꿔 수업 참여도 점수 20점을 모두에게 주는 대신 침묵하는 학생은 감점하겠다고 했다. 그러자 학생들이 서로 질문하고 대답하면서 돌연 수업에 활기가 넘쳤다. 요즘 대학생들의 성적 평가 방식은 상대평가여서 가점이든 감점이든 학생들의 성적에 미치는 영향은 사실상 똑같다. 그러나 학생들은 점수가 깎이는 것을 더 싫어했다. 내 나름의 성공적인 '넛지'였다.

'넛지(nudge)'의 사전적 의미는 '팔꿈치로 슬쩍 찌르다'라는 뜻으로, '타인의 선택을 유도하는 부드러운 개입'이라고 정의할 수 있다. 2017년 노벨 경제학상을 수상한 리처드 세일러 교수의 저서 《넛지》 덕분에 유명해진 넛지는 남자 화장실 소변기의 파리 그림으로 우리에게 잘 알려져 있다. 남자들은 소변을 볼 때 조준을 정확하게 하지 않기 때문에 변기 주변이 쉽게 더러워지는데, 변기 중앙 아래쪽에 파리를 그려 넣었더니 변기 밖으로 튀는 소변의 양이 80%나 감소했다는 것이다. 남자들이 무심코 파리를 발견하고 '집중 조준'하는 바람에 소변이 밖으로 튀지 않게 됐다는 것인데, '화장실을 깨끗하게'라는 문구에는 끄덕도 않던 사람들이 파리 한 마리에 낚인 것이다. 암스테르담 공항의 남자 화장실 이야기인데, 요즘은 우리나라에서도 가끔 볼 수 있다. 이처럼 행동을 엄격하게 금지하거나 많은 인센티브를 제공하는 '당근'보다도 더 높은 효과를 보는 방법이 바로 '넛지'이다.

도로의 정지선을 잘 지키게 하기 위해서는 경찰의 단속보다 교통 신호 설계가 더 중요할 수도 있다. 오래전에 차량 정지선에 정확히 멈춰선 운전자들에게 냉장고를 선물하는 TV 프로그램이 있었다. 지금 내가 살고 있는 서울 목동 인근의 몇 군데 사거리에는 길 건너편에 있던 신호등이 없어졌다. 운전자는 정지선 바로 앞쪽에 있는 신호등밖에 볼수 없다. 따라서 정지선을 지키지 않으면 신호가 바뀌는 걸 확인할 방법이 없기 때문에 정지선을 지키기 싫어도 안 지킬 수가 없다. 정지선을 잘 지키는 운전자에게 냉장고를 주는 공익적 프로그램보다 건너편 신호를 없애는 것이 더 훌륭한 커뮤니케이션이다.

이러한 넛지를 가장 많이 활용하고 있는 곳이 마케팅과 커뮤니케이션 분야일 것이다. 한 상점에 50만 원짜리 복사기가 있다. 상점 주인은 복사기 가격이 50만 원이고 요청하면 배달해 주지만 배송료 5만 원을 내야 한다고 말한다. 그러나 좀 더 똑똑한 상점 주인은 이렇게 말할 것이다. "복사기 가격은 55만 원이고, 무료로 배달해 드립니다. 배달이 필요 없다면 오만 원을 할인해 드립니다." 이 경우 대부분 고객은 무료 배송이라는 말에 기뻐하며 복사기 값을 치른다. 그러나 곰곰이 따져보면 실제 가격은 동일하다. 구글도 넛지를 가장 활발하게 활용하고 있는 기업 중 하나이다. 구글 경영진은 교육 프로그램에 등록만 해놓고 참여하지 않는 구글러들 때문에 고민이 많았다. 교육 참여를 독려하는 이메일을 아무리 여러 번 보내도 참여율은 높아지지 않았다. 여러 가지 시도 끝에 경영진은 교육 참여를 희망하는 대기자 명단을 공개했다. 그러자 참석률이 17%나 증가했다. 직접 교육 참가를 독려하던 것에 비해 슬쩍 넛지를 적용한 것이 얼마나 효과적인 선택이었는지를 알 수 있다.

## '사회적 규범'이라고 말하라

손님을 접대하기 위해 일식집에 간 적이 있다. 식사를 마친 뒤 계산을 하고 출입문을 나서는데, 20대의 젊은 여직원이 우리를 배웅하며 매우 친근한 목소리로 마지막 인사를 건넸다. "언제 또 오시겠어요?" 보통 손님을 배웅하는 인사말은 "안녕히 가세요." "맛있게 드셨습니까?" 정도인데, 그 기막힌(?) 말 한마디가 나의 귓속을 강하게 파고들었다. 그 짧은 인사말 한마디로 나는 그 식당의 단골이 됐다. 지인의 경험담이다.

예약을 해놓고도 나타나지 않는 이른바 노쇼(no-show)를 줄일 수 있는 방법이 있을까? 간단한 말 한마디를 바꿔 크게 효과를 본 곳이 있다. 1998년 미국 시카고의 한 레스토랑은 노쇼가 30%가 넘었다. 그러자 예약 전화를 받는 표현을 살짝 바꾸었다. 처음 예약을 받을 때 "취소하실 일이 생기면 전화주세요."라는 부탁 대신에 "못 오실 경우 전화를 주시겠습니까?"라는 질문 형식으로 부드럽게 말하도록 했다. 예약 손님의 답변을 이끌어내는 이 질문에 대부분의 손님은 당연히 "예"라고 대답했다. 덕택에 한 달 뒤 레스토랑의 예약 부도율이 10%대로 내려갔다. 고객은 "예"라고 대답하면서 약속을 지켜야 할 것 같은 의무감을 느꼈기 때문이다.

예약 부도율을 낮출 수 있는 여러 연구를 살펴보면 단연 효과가 높은 결정적 문구가 하나 있다. 영국의 강연자이자 컨설턴트인 스티브 마틴(Steve J. Martin)의 연구팀은 '행동 몰입'이라는 개념을 활용했다. 행동 몰입이란 사람들이 직접 행동하게 하여 관여도를 높이는 걸 말한다. 이들은 외과 병원을 대상으로 크게 세 그룹으로 나눠 행동 몰입을 구분해 테스트를 진행했다.

첫 번째 그룹 환자에게는 예약 번호를 알려주고 기억하도록 했다. 예를 들어 환자의 예약 번호가 '1198'이라면 "선생님의 예약 번호는 1198번입니다. 꼭 기억해 주세요."라고 요청했다. 두 번째 그룹 환자에게는 예약 내용을 말로 따라 하게 했다. 예를 들면 "선생님의 진료 예약은 다음 주 월요일 오전 10시입니다. 따라서 한번 말씀해 주시겠습니까?"라고 했다. 세 번째 그룹 환자에게는 진료 예약 내용을 직접 쓰게 했다. 예약을 확인하는 맨 마지막 순간에 "예약 내용을 종이에 메모해 주시겠습니까?"라며 글로 쓰도록 요청한 것이다. 실험 결과 4자릿수의 예약 번호를 알려준 첫 번째 그룹은 오히려 실험 전 6개월 평균과 대비해 예약 부도율이 1.1% 증가했다. 말로 예약 내용을 따라 하게 한 두 번째 그룹은 예약 부도율이 3.5% 줄었다. 글로 예약 내용을 직접 쓰게 한 세 번째 그룹은 예약 부도율이 18%나 감소하였다. 글로 쓰게 한 세 번째 그룹에서 훨씬 큰 효과가 나타난 것이다. 글로 쓰는 것이 더 강력한 행동 몰입을 유도하기 때문이다.

그럼 노쇼를 줄이는 더 효과적인 방법은 없을까? 있다. '사회적 규범'이라는 결정적 문구를 덧붙이는 것이다. '수건을 재활용함으로써 환경보호에 동참해 주세요' 국내 호텔에서도 종종 발견되는 문구다. 그러나 투숙객들은 보통 이 문구를 무심히 읽고 지나치기 때문에 별 효과가 없다. 미국 시카고대 노아 골드스타인(Noah Goldstein) 교수 팀은 어떻게 하면 투숙객들이 수건을 아껴 쓸 수 있을지 고민했다. 이들은 수건 재사용을 독려하는 메시지를 다양한 유형으로 만들어 호텔 객실에 비치하고 투숙객들의 반응을 살폈다. 구체적으로 '당신이 수건을 재사용하면 환경을 보호할 수 있다', '호텔 투숙객의 75%가 수건 재사용에 참여했다', '이 방에 머문 투숙객의 75%가 수건을 재사용했다' 등 세 가지 유형으로 메시지를 구성했다. 실험 결과, 투숙객의 마음을 움직인 메시지 유형은 다른 투숙객의 참여율을 제시해 현재 투숙객들의 참여를 독려한 두 번째와 세 번째 메시지였다.

특히 자신이 묵은 객실의 옛 투숙객을 예로 든 마지막 메시지가 반응이 가장 좋았다(그러므로 정답은 C이다). 이 연구는 인간이 의사 결정을 할 때 '남들은 ~한다'는 타인의 행동, 즉 '사회적 규범'이 중요한 기준이 된다는 사실을 보여준다. 사회적 규범이란 사회생활에서 지켜야 하는 규칙을 말한다. 스티브 마틴의 연구팀도 예약 부도율을 낮추는 방법으로 사회적 규범을 추가해 보았다. 즉, 상담 마지막에 "대부분 환자분들은 예약 시간을 잘 지킵니다. 선생님도 잘 지켜주실 수 있죠?" 하며 예약을 지키는 것이 사회적 규범에 해당한다는 점을 알려주고 환자의 동의를 구한 것이다. 이렇게 하자 예약 부도율이 무려 31.7%까지 감소했다.

말 한마디를 덧붙인 것이 이렇게 큰 효과를 발휘할 수 있는 것이다. 미국 미네소타주에서는 '세금을 내지 않으면 처벌받습니다'라고 홍보했을 때보다 '주민의 90% 이상이 이미 납세 의무를 이행했습니다'라고 홍보했을 때 자진 납세 효과가 컸다. 대다수의 사람이 세금을 냈다면 나도 납세자 집단에 들어가는 것이 사회적으로 바람직하다고 여기기 때문이다. 이것도 넛지에 해당한다. 억지로 금지하기보다는 사람들의 관심을 다른 곳으로 돌려 긍정적인 결과를 이끌어냈기 때문이다.

얼마 전 '10억 이상 재산 보유자 중 건강 보험료를 체납한 사람이 7,482명에 이른다'고 보도된 바 있다. 사회적 규범의 효과를 살려 '서울 시민의 97%가 성실하게 건강 보험료를 납부하고 있다'는 말로 자극해서 성실 납부 집단에 속하고 싶은 심리를 이용하면 좋을 것이다. 그동안 체납 보험료나 가계 부채를 대하는 정부의 태도가 너무 협박 수준에 가까웠기 때문이다.

넛지는 마케팅만의 전유물이 아니다. 소통에 있어서도 '넛지'적인 요소를 적극 활용해야 한다. 세대별로 소통 선호도에 차이가 많이 난다. 밀레니얼 세대는 동료가 옆에 있는데도 메신저로 대화한다. 기성세대는 기본적으로 대면 소통을 해야 협업이 되고 동료와 관계를 유지할 수 있다고 생각한다. 메신저 소통에 능한 밀레니얼 세대는 대면 소통의 필요성은 느끼지만 모든 소통을 그렇게 할 필요는 없다고 본다. 이들에게 협업이란 꼭 얼굴을 맞대고 이야기해야 하는 것만은 아니다. 따라서 신세대들에게 대면 소통을 북돋우려면 말로 강조하기보다 공간을 통한 '넛지'효과를 도모하는 것이 바람직하다. 즉, 특별한 행사를 통해 끈끈한 연대를 마련하기보다 자연스러운 부딪침을 통해 유대감을 형성하라는 것이다. 요즘 회사들이 사무실 좌석 배치를 바꾸고 탕비실, 카페테리아 등을 개선하고 다른 부서 직원들과 자연스럽게 어울릴 수 있는 공간을 마련하는 것도 같은 맥락이다.

몇 년 전 안산시 단원구는 불법 쓰레기가 상습적으로 버려지는 공중전화 부스 등에 동남아 국가들 국기를 그려 붙였다. 외국인 노동자들이 불법으로 버린 쓰레기가 늘 수북하게 쌓여 골치를 앓던 곳들이었다. 그랬더니 한 달 만에 쓰레기가 확 줄었다. 외국인 노동자들은 이국땅에서 만난 자기 나라 국기 앞에서 차마 부끄러운 행동을 할 수 없었던 것이다. 복사를 하고 나서 자율적으로 사용료를 내는 문구점이라면 돈을 넣는 항아리에 '부릅뜬 두 눈'을 그려 넣는 것만으로도 사용료를 속여서 내는 사람들이 급감한다. 화장실 전등 스위치 옆에 '에너지 절약을 위해 사용 후 불을 꺼주세요'라는 말 대신 '벌레들은 빛을 좋아합니다. 사용 후 불을 꺼주세요'라는 문구를 붙여놓은 곳이 있다.

사람들에게 명령이나 지시를 통해 금지하는 것이 아니라 스스로 하고 싶은 마음이 들도록 유도하는 넛지 커뮤니케이션을 활용하여 설득의 고수가 되기 바란다.

# 사람은 눈으로 커뮤니케이션한다

메라비언 법칙의 올바른 해석

## 시각적 정보가 설득력을 좌우한다

[문제 1] 보건 복지부에서는 국민 건강 증진을 위해 담뱃갑에 흡연의 폐해를 홍보하고 있다. 다음 중 어느 쪽이 더 효과적일까?

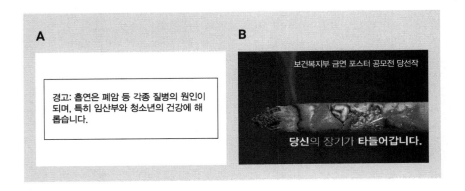

고수의 설득법

**[문제 2]** 아래 문장은 몇 년 전 한 미국 대학이 여성 얼굴의 황금 비율이라고 발표한 자료다. 이 여자의 얼굴이 어떤 모습인지를 상상해 보자.

> "눈과 입 사이의 수직 거리가 전체 얼굴 길이의 36%, 눈과 눈 사이의 수평 거리가 얼굴 폭의 46%일 때가 여성 얼굴의 황금 비율이며, 이때가 가장 매력적으로 보인다."

'한 장의 그림은 천 개의 단어만큼 가치가 있다'라는 오래된 격언이 있다. '백 번 듣는 것이 한 번 보는 것만 못하다'라는 말과 비슷하다. 인간 감각의 80%는 시각이다. 동영상의 커뮤니케이션 효과는 그림보다 더 클 것이다. 그래서 드라마틱한 TV 광고 영상은 인상적으로 뇌리에 각인된다. 볼보 트럭은 '다이내믹 스티어링'이란 신기술의 성능을 액션 스타 장 클로드 반담이 후진하는 두 트럭의 사이드 미러 위에 서서 안정적인 '다리 찢기' 묘기를 통해 보여줬는데, 정말 멋있는 장면으로 기억된다. LG전자는 무선청소기의 성능을 입증하기 위해 미국 암벽등반 챔피언인 시에라 블레어 코일에게 인천 송도의 33층 빌딩 외벽을 타게 함으로써 청소기의 흡입력을 과시했다.

우리나라에서도 지금까지 담뱃갑의 흡연 폐해 경고 문구를 몇 년 전부터 그림으로 대체했다. 한국건강증진개발원이 공개한 담뱃갑 흡연 경고 그림에 관한 조사에 따르면 설문에 응한 성인 흡연자의 절반(49.9%)이 경고 그림을 보고 금연 결심을 한 적이 있다고 대답했다. 물론 결심을 했다고 모두 금연에 성공했을 리는 없다. 최근에는 담뱃갑의 혐오스러운 그림을 가려주는 담배 케이스의 매출이 늘어나고 있다고 한다. 흡연자들이 담뱃갑의 경고 문구보다는 경고 그림에 심리적으로 몹시 불편했던 것으로 짐작된다.

흡연이 폐암 발생률을 10배나 높인다는 정보는 추상적이고 밋밋해서 곧잘 무시된다. 반면 암에 걸린 비참한 모습을 직접 보여주면 머릿속에 이미지화되어 훨씬 큰 금연 효과를 거두게 된다. 이것이 담뱃갑에 흡연 경고 문구와 함께 그림을 삽입하게 된 정책적 배경이다. 왜 이미지가 효과가 더 클까? 우리는 청각(11%), 촉각(3%), 미각(2%), 후각(1%) 그리고 시각(83%)을 통해 정보를 받아들이기 때문이다. 대부분의 정보를 시각을 통해 받아들이는 것이다. 그래서 시각화된 이미지는 우리가 생각지도 못한 방식으로 우리를 변화시킨다. 그래서, 모두 정답을 맞혔겠지만, [문제 1]의 정답은 B이다.

이 점은 특히 서비스 상품을 판매하는 사람에게는 상당한 시사점을 준다. 서비스 상품은 '무형성'이라는 특징 때문에 눈으로 감지할 수가 없다. 그래서 시각화된 자료를 '유형화'해 주는 노력이 필요하다. 입으로 설명하는 것은 고객의 귀만 사용하게 한다. 그보다는 "자! 여기 좀 봐주시겠습니까?"라며 카탈로그를 보여주면 사람들이 거기에 눈길을 주게 된다. 말로만 상품이 인기가 있다고 말하는 것보다 시각화된 그래프를 보여주며 "여기 그래프에서 보듯이 금년에 가입자 수가 엄청 늘었습니다."라고 말하면 훨씬 효과가 크다는 점을 기억하기 바란다. 따라서 고객 상담 시에는 카탈로그나 샘플, 도표 같은 것을 지참하여 말하는 내용에 맞춰 시각화해 줘야 한다.

## 시각이 제일 정직하다

임원 보고를 마친 팀장님의 미간에 깊게 주름이 잡혀 있고 표정이 안 좋다면 그건 뻔하다. 임원에게 한 소리를 듣고 왔거나 여러 팀장들 앞에서 어떤 일로 망신당했을 가능성이 높다. 다혈질 성격에 표정 관리가 안 되는 스타일이라면 얼굴에 현재 감정 상태가 고스란히 나타나기 마련이다. 이럴 때는 가능한 한 보고나 결재를 미루는 게 좋다. 표정은 제일 정직하게 그 사람의 마음을 드러낸다.

'얼굴 표정과 피드백의 상관관계'를 분석한 실험이 있다. 먼저 한 집단에는 부정적인 성과 피드백을 주되, 고개를 끄덕이거나 미소를 짓는 등 정서적으로는 긍정적인 신호를 전달했다. 그리고 다른 집단에는 긍정적인 성과 피드백을 주면서도 얼굴을 찡그리거나 눈을 가늘게 뜨면서 비판적인 태도를 취했다. 이후 인터뷰를 통해 두 집단의 감정을 비교해 본 결과, 후자가 전자보다 자신의 성과에 대해 부정적으로 인식하는 것으로 나타났다. 전달 방식이 내용 자체보다 더 중요하게 받아들여진 셈이다. 이는 두 가지로 설명할 수 있다. 하나는, 우리는 다른 사람의 표정을 무의식적으로 따르는 거울신경(mirror neuron)을 갖고 있다는 점이다. 다른 하나는, 우리는 말보다 표정이 더 정직하다고 믿는다는 것이다.

앞에서도 언급했지만 서비스나 커뮤니케이션 강의에서 강사들이 빠뜨리지 않는 내용 중에 '메라비언의 법칙'이라는 것이 있다. 미국의 심리학자 앨버트 메라비언에 따르면 한 사람이 다른 사람으로부터 받는 이미지는 언어(7%), 목소리 톤(38%), 보디랭귀지(55%)에 의해 결정된다. 따라서 "언어는 전체의 7퍼센트밖에 전달하지 못하며, 나머지 93퍼센트는 외양이나 말투 등으로 결정되니 비언어적 요소를 더 중요시해야 한다."라고 강조하는 것이다.

하지만 이 해석에서 유의할 대목이 있다. 바로 언어, 청각(목소리 톤), 시각(보디랭귀지)에 대해 각각 모순된 정보가 부여된 경우로 제한적으로 해석되어야 한다는 것이다. 메라비언도 한 방송(BBC)에서 "감정에 호소하려면 내용, 음성, 시각 요소를 일치시켜야 하며, 그렇지 않으면 사람들은 혼란스러워하며 내용이 아닌 다른 부분을 믿게 된다."고 말한 바 있다. 즉, 팀장이 짜증스러운 표정을 하면서 "여러분들 덕택에 실적이 크게 좋아졌습니다."라고 말했다면 그 표정이 커뮤니케이션에 더 크게 영향을 끼치는 것이다. 생글거리며 환한 표정으로 "정말 실망했습니다."라고 했다면 팀장이 별로 기분이 나쁘지 않은 상태라고 생각하게 되는 것이다. 만약 뚱한 표정으로 "별로 관심이 없습니다."라고 말하는 것처럼 언어의 메시지와 비언어적인 태도가 일관성이 있을 때는 말의 내용이 차지하는 비율이 7%에 그칠 리가 없다. 나 같은 전문 강사는 말할 것도 없고, 아무리 유명한 연기자라도 대사를 사용하지 않고 목소리 톤과 얼굴 표정만으로 93퍼센트의 커뮤니케이션이 가능할리가 없다.

사실 이는 지극히 상식적인 이야기이다. 말을 사용하지 않고 토론이 가능할까? 말을 사용하지 않고 상품 설명이 가능할까? 말을 사용하지 않고 변론이 가능할까? 보통의 의사소통에서는 말이 매우 중요하다. 메라비언의 법칙은 언어, 청각, 시각이 서로 모순될 때만 보디랭귀지 등 시각이 가장 크게 작용한다는 점을 기억하기 바란다.

## 디자인이 서비스 혁신을 이끈다

[문제 2]에서 여러분은 머릿속에서 어떤 미인의 모습을 상상했을지 자못 궁금하다. 설명한 미인의 모습은 바로 아래와 같은 얼굴이다.

그런데 대단한 상상력의 소유자가 아니고서야 서너 줄의 정보로 어떤 모습의 미인을 묘사하고 있는 것인지 판단하기가 쉽지 않았을 것이다. 이처럼 사진이나 디자인으로 보여주면 다른 설명이 필요 없이 미인

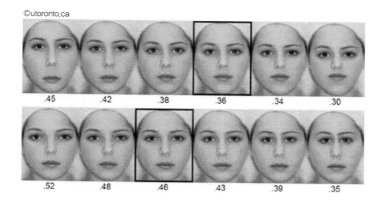

인지 아닌지 금방 결론을 낼 수 있다. 이러한 관점에서 답변을 제시하는 것이 바로 최근 이슈가 되고 있는 '서비스 디자인(service design)'의 개념이다. 서비스 디자인은 '서비스를 설계하고 전달하는 과정 전반에 디자인을 적용함으로써 사용자의 생각과 행동을 변화시키고 경험을 향상시키는 분야'라고 정의할 수 있다. 고객의 잠재된 욕구를 찾아 이를 만족시키기 위해 디자인적 사고를 접목하는 것이다. 이러한 '디자인적 사고(design thinking)'는 고객의 생각과 행동을 바꾸는 훌륭한 커뮤니케이션 수단이 된다.

2017년 세계적 디자인 컨설팅 회사 아이디오(IDEO)와 하얏트호텔은 시범적으로 뷔페의 음식물 쓰레기 줄이기 프로젝트를 시작했다. 그 결과, 플로리다에서 매년 5위 안에 들었던 올랜도 하얏트의 음식물 쓰레기 배출량이 최하위권으로 떨어졌다. 디자인 회사가 고객만족도는 더 올리면서 손님들의 음식 욕심을 성공적으로 줄인 것이다. 그중의 하나가 먼저 접시의 색깔과 크기를 바꾼 것이다. 아이디오는 밝은색 요리 밑에는 어두운 색상의 접시를, 어두운색 요리 밑에는 밝은색의 접시를 배치했다. 그러자 사람들은 요리와 비슷한 색상의 접시보다 대비되는 색상의 접시를 이용할 때 음식을 덜 담았다. 토마토 파스타를 흰색 접시에 담았을 때보다 빨간색 접시에 담았을 때 30% 이상 더 많이 가져간다는 사실을 발견한 것이다. 또한 같은 양의 음식이라도 접시 크기가 클 경우와 작을 경우 사람들은 음식의 양을 다르게 인식했다.

이러한 디자인적 사고는 은행에서도 성공한 적이 있다. 영업점을 새롭게 디자인함으로써 국내 한 은행의 고객만족도가 30% 향상된 것이다. 고객만족도 조사 결과 이 은행의 상담 창구 직원들의 전문성이 매우 낮은 것으로 나타났다. 그런데 고객으로부터 전문성이 낮은 것으로 평가된 직원들 중 대다수는 해당 분야에서 오랫동안 근무한 경험이 있거나 전문 자격증을 소지하고 있었다.

이 모순된 평가의 원인은 뜻밖에도 영업점의 디자인 레이아웃 때문인 것으로 분석되었다. 영업점에서는 대기 고객의 방향이 여느 은행과 같이 창구 쪽을 향하고 있어 대기 고객의 시선과 상담 직원의 시선이 정면으로 마주보게 되어 있었다. 이렇게 되자 상담 직원은 대기 고객의 시선이 부담스럽고, 신속하게 다음 고객을 맞이해야 한다는 부담감으로 상담 중인 고객의 업무에 집중하지 못하고 있었다. 그러자 고객이 상담 직원을 비전문적이라고 평가한 것이다.

이 은행은 레이아웃을 변경하여 고객이 대기하는 장소의 의자 방향을 90도 옆으로 돌려 대기 고객과 상담 직원의 시선이 마주치지 않도록

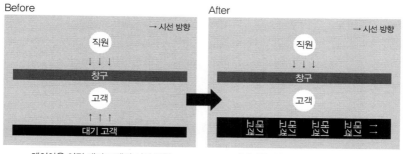

레이아웃 이전 대기 고객의 시선 방향　　　　레이아웃 이후 대기 고객의 시선 방향

했다. 그러자 상담 직원은 자연스럽게 상담 중인 고객에게 집중할 수 있었다. 또 상담 창구에 LED 모니터를 설치해 직원의 이름, 직급, 사진, 직원이 보유하고 있는 전문 자격증 등을 고객이 볼 수 있게 했다. 고객은 직원이 해당 분야의 전문 자격을 보유하고 있다는 사실을 알게 되었고, 전문적인 서비스를 받는다는 느낌을 가짐으로써 고객만족도가 자연스레 높아졌다.

커뮤니케이션은 말과 표정으로만 하는 것이 아니다. 고객은 눈으로 커뮤니케이션한다. 고수들은 '디자인적 사고'를 활용한 효율적인 커뮤니케이션을 통해 서비스 품질을 높이고 고객을 더 만족하게 한다.

# 가젤은 왜 제자리에서 방방 뛸까

### 상대의 신호를 파악하는 법

[문제] <동물의 왕국>이라는 TV 프로그램을 보면 아프리카 초원에서 사자가 가젤을 뒤쫓는 장면을 보게 된다. 그런데 어떤 가젤은 사자가 쫓아오는데도 사자 앞에서 수직으로 높이 뛰어오르는 '점프'를 반복하고 있다. 그 이유는 무엇일까?

A 높이 뛰어오르는 점프 동작으로 사자의 동태를 한눈에 파악하려고

B 사자에게 '나 이렇게 높이 뛸 만큼 건강하니까 나 쫓아올 생각은 하지 마'라는 뜻을 전달하려고

올해에도 모 금융기관 간부들을 대상으로 MBA 과정을 맡아 강의하고 있다. 지난주 한 학생이 "교수님, 저희가 광고비를 너무 많이 지출하

는 것은 아닐까요? 예금이 크게 늘거나 고객 수가 많아지는 것 같지는 않아서요."라고 질문했다. 광고 효과를 추산하는 계산식보다는 더 함축적인 내용으로 설명해 주고 싶었다. "그래서 광고를 '돈을 태우는 짓(burning the money)'이라고 비유한 학자도 있습니다. 바보라서 돈을 태우는 것이 아니라 거액의 광고비를 지출하는 행위 자체가 경쟁자들에게는 '풍부한 자금력'을 과시하는 효과가 있다는 뜻입니다."라고 대답했다.

물론 마케팅 교재에는 '광고란 소비자에게 정보를 전달함으로써 일정한 판단과 감정 변화를 일으켜 구매 행동으로 유도하는 기업 활동'이라고 정의되어 있다. 그러나 상품과 기업에 대한 정보는 이미 널리 알려져 있고, 과장 광고도 흔하다는 것을 누구나 다 아는데, 과연 광고가 기업의 매출 증가에 큰 영향을 미칠지는 의심스럽다. 차라리 광고를 하는 이유를 다른 데서 찾아보는 게 더 현명하다고 생각되는 이유다. 광고의 진짜 목적은 'TV에 나오는 회사'로 사람들 머리에 기억된다는 점이다. 소비자는 엉터리 회사의 나쁜 제품이라면 그런 큰돈을 광고비로 쓰지 못할 것이라고 생각한다는 점이 더 중요하다.

〈동물의 왕국〉을 보면 사냥을 시작하려는 사자를 발견한 가젤이 조금이라도 더 멀리 도망치지 않고 제자리에서 수직으로 높이뛰기를 반복하는 '점프 쇼'를 하는 모습을 볼 수 있다. 이는 사자의 추격을 따돌릴 힘을 미리 뺀다는 점에서 일견 어리석어 보인다. 하지만 그것은 자신의 건강과 달리기 실력을 과시함으로써 사자로 하여금 다른 가젤을

고수의 설득법

사냥감으로 선택하도록 하려는 영리한 전략이라고 동물학자들은 해석한다(그러므로 서두 문제의 정답은 B이다). 인간도 마찬가지다. 영화나 드라마를 보면 싸우기도 전에 자기 몸에 상처를 내면서 상대를 위협하는 조폭들이 등장한다. 자신이 무슨 짓을 할지 모르는 위험한 사람이라는 점을 강조해서 상대를 지레 겁먹게 하는 데 매우 효과적인 방법이다. "이래도 나 같은 상대와 싸우겠느냐?"고 상대에게 겁주고 있는 셈이니까.

우리는 이처럼 말이나 표정이 아니라 신호를 통해서도 의사소통을 한다. 바쁜 현대인들은 찬찬히 읽어보거나 전체를 모두 파악해서 판단하지 않는다. 힐끗 훑어보거나 한두 가지 단서로 판단한다. 며칠 전에도 내 이메일에 아프리카 서부의 한 왕자가 1,030만 달러를 나눠 갖자는 메일을 보내왔다. 이 메일을 찬찬히 보면 가짜라는 사실을 드러내는 단서가 너무 많다. 전문적인 사기꾼들이 왜 이렇게 뻔한 실수를 저지를까? 한마디로 분별력이 있고, 신중하고, 상식을 가진 사람들에게 '당신은 가라'는 신호를 보내는 것이다. 그들이 원하는 대상은 탐욕스럽고 잘 속는 사람들이므로 당신 같은 분별력 있는 사람들을 상대하는 것은 시간 낭비이기 때문이다.

이런 여러 사례를 보면 마케팅이나 경제학을 전공한 사람은 대뜸 '시그널링(signaling)'이라는 개념을 떠올린다. 시그널링(신호)이란 정보가 비대칭인 상황에서 정보를 가진 쪽이 자신의 정보를 적극적으로 알리려고 취하는 행동을 가리킨다. 2001년 노벨 경제학상을 받은 미국

스탠퍼드대학 경제학과 교수 마이클 스펜스(Michael Spence)는 1970년대 초 '신호 이론(signaling theory)'을 발표했다. 신호 이론이란 구인과 구직 과정에서 일어나는 정보의 비대칭성에 관해 설명한 것이다. 신입 사원 면접에서 회사는 지원자들에 대한 정확한 정보가 없는 반면에 지원자들은 스스로에 대한 정보를 많이 가지고 있다. 지원자들은 회사 측에 학력과 학점, 영어 실력, 경력 등의 신호를 면접이라는 한정된 시간 안에 보여줘야 한다. 이는 소개팅에서도 마찬가지로, 상대에게 자신의 매력을 뽐내기 위해 유머 감각, 외모, 경제력 등의 신호를 적극적으로 보내야 한다.

## 사회적 마케팅도 시그널링

신호 보내기는 우리 주변에 너무나 흔하다. 명문대를 나왔다고 소개하고, 애인에게 보석을 선물하고, 기업에서 브랜드를 광고하는 것 등이 모두 해당된다. 명문대 졸업장은 공부 잘했다는 점을, 보석 선물은 거금을 쓸 만큼 사랑한다는 점을, 브랜드는 막대한 광고비를 지출할 만큼 품질에 자신이 있다는 점을 제각각 고용주, 애인, 소비자에게 알리는 적극적 신호라고 볼 수 있다.

제품도 사회적 신호가 된다. 미국의 행동경제학자 댄 애리얼리는 사람들은 자기가 누구인지에 대한 명확한 개념을 가지고 있지 않다고 말한다. 도리어 어떤 제품을 사용하거나 특정한 행동을 함으로써 자신을 특정한 유형의 사람이라고 해석하려 한다고 말한다. 예컨대 메르세데스 벤츠는 성공의 상징으로 간주되는 경우가 많으므로 벤츠를 운전할 때 스스로 성공했다고 인식하는 사람이 많다. '싼 게 비지떡'이라는 말처럼 상품의 가격도 품질에 대한 '신호 효과'를 지닌다. '프리미엄 가격 (premium pricing)'은 세칭 '명품'의 탁월한 품질이나 명성을 드러내는 신호를 전달하기 위함이다. 마켓오는 '천연 재료', '유기농'이라는 콘셉트를 소비자에게 전달하는 신호로 비싼 가격을 매겼다. 그러자 소비자들은 '정말 좋은 재료를 썼나 보다'라고 믿게 된다. 신호는 제품의 구매뿐 아니라 여가생활에서도 그대로 드러난다. 화려한 외모의 남녀가 이국적인 장소에서 낭만적인 휴가를 보내는 장면은 제품의 소유보다 더 세련된 사회적 지위의 신호가 된다.

서비스도 마찬가지다. 가사 도우미를 이용하는지, 피부 미용실에 얼마나 자주 출입하는지가 나를 규정한다. 큰 기업에서 무슨 내용의 강의를 했는지를 자주 언급하는 나도 '유명 강사'라는 신호를 부지불식간에 보내고 있는 것이다. 그래서 애리얼리는 이를 '자기 신호화(self-signaling)'라고 이름 붙였다.

스펜스는 신호를 과감하게 보내라고 외친다. 이것이 신호 이론의 핵심이다. 물론 의미있는 신호여야 한다. 잘 모르는 사람과 데이트를 해보면 돈도 많고 똑똑하고 다정다감하다고 말하는 사람이 많다. 그러나 상대에게 잘 보이고 싶어서 과장했을 가능성이 많다. 부자라는 신호가 의미 있으려면 명품 옷과 고급 차와 비싼 저녁을 감당할 수 있어야 한다. 시간이든 돈이든 노력이든 상당한 대가를 치르지 않는 신호는 상대에게 보내는 의미 있는 신호가 아니다. 따라서 소개팅 상대가 드러내는 정보만으로 판단해선 곤란하다. 흔히 근거가 부족한 말하기를 '값싼 말(cheap talk)'이라고 하는데, 스펜스는 값싼 말을 하기보다는 '값비싼 신호(costly signal)'를 보내야 상대의 관심을 더 효과적으로 얻을 수 있다고 주장한다. 일반적으로 명품 옷과 고급 차와 비싼 저녁처럼 신호를 생산하는 데 많은 비용이 들수록 더 값비싼 신호라고 할 수 있다. 값비싼 신호는 동물의 세계에서도 찾아볼 수 있다. 수컷 공작이 거추장스럽고 사치스러운 꼬리를 달고 다니는 것은 '나 능력 있는 놈이라 이런 깃털이 있는 거야'라고 신호를 보내는 것이다. 이를 '공작새 효과(peacock effect)'라고도 하는데, 바로 인간의 과시적 소비가 여기에 해당된다. 능력도 안 되는데 상대의 환심을 사기 위해 돈을 펑펑 썼던 적이 당신도 한 번쯤 있었을지 모른다.

신호 이론을 이용하면 기업 재무도 상당 부분 설명할 수 있다. 시장은 현금배당을 꾸준히 하는 기업을 현금 흐름이 좋은 기업으로 판단한다. '배당은 거짓말을 하지 않는다'는 말이 그래서 나온다. 이제 개인이든 기업이든 살벌한 생존경쟁에서 살아남기 위해 자기를 알리는 신호를 과감하게 보낼 수밖에 없다. 기업이 시장에 내보내는 이런 신호 중의 하나가 바로 사회적 마케팅이다.

사냥에 성공하든 실패하든 고기를 공평하게 나누어야 하는 것이 원시사회였다. 그런데 사냥에 뛰어난 사람이 손해를 보면서도 매번 사냥감을 가지고 돌아오는 것은 그 행위가 좋은 배우자를 획득할 확률을 높여주는 것으로 해석되었다. 그의 이타적 행위는 사실 값비싼 신호 보내기의 일종인 셈이다. 어려운 상황에서도 남을 배려하는 것은 눈에 보이지 않는 자신만의 자질을 보여줄 수 있는 값비싼 신호가 될 테니까 말이다. 서두에서 언급한 금융기관은 지금 TV나 라디오 광고에서 서민, 중산층, 소상공인과 금융 소외계층 모두를 업고 가겠다는 사회적 마케팅을 부각시키고 있다. 이것은 고객, 경쟁자, 정부, 금감원, 그리고 직원들에게 '우리는 이렇게 사회와 공익을 위해서 좋은 일을 할 만큼 돈도 많이 벌고 지속적인 성장을 하고 있는 기업입니다'라는 사실을 효과적으로 전달하는 신호를 보내는 셈이다. 이것이 광고의 진짜 목적이 아닐까 싶다.

## 가장 강력한 신호는 '행동'

나는 원래 주택은행(훗날 국민은행과 합병)에 입사했다. 지금은 고인이 된 당시 김정태 행장은 1988년 주택은행 행장으로 취임하면서 연봉을 1원 받겠다고 선언해 세간의 화제를 모았다. 대신 경영 성과에 따른 스톡옵션을 요구했다. 이후 2001년 국민은행과 주택은행을 합병하여 초대 행장에 취임했다. 그는 통합 국민은행의 실적 개선을 통해 2006년 스톡옵션으로 받았던 주식을 매각하여 110억 원의 이익을 얻었다. '나는 은행 실적을 크게 개선시키겠다'는 의지를 '연봉 1원만 받겠다'는 말로 상징화시켜 극적인 행동으로 표현한 것이다. 때로는 구체적인 목표를 길게 설명하는 것보다 극적인 행동이 자신의 진심과 의지를 더 확실하게 전달한다. 따라서 뭔가를 말할 때는 상징적인 행동으로 나타낼 수 있을지를 다각도로 생각해 봐야 한다. 행동으로 보여줄 수 있으면 그냥 말로 하는 것보다 훨씬 더 강력한 시그널이 된다.

강혜정이라는 한 무명 배우가 영화 〈올드보이〉 오디션 때 진짜 일식집 회칼을 들고 나타났다. 최민식은 "어디서 가지고 왔냐고 물었더니 근처 일식집에서 빌려왔다고 했다. (요리사한테) 칼은 상징적인 의미인데 어떻게 빌려주겠냐? 난 여배우가 거짓말한다고 생각했다. 연기를 잘하고 못하고를 떠나 거짓말이면 여기서 당장 나가라고 한 다음 조감독한테 직접 확인해 보라고 했다. 알고 보니 진짜 칼을 빌렸더라."고 말했다. 〈힐링 캠프〉라는 TV 프로그램에서 소개된 일화다. 강혜정은 오디션 전에 요리사를 찾아가 이렇게 말했다. "저는 이 작품이 진짜 절실해요. 선생님 저 이 칼 갖고 사고 칠 아이 아닙니다. 이 칼을 저에게 빌려주신다면 오디션에 큰 도움이 될 것이고, 제가 합격한다면 선생님 덕분입니다." 무명 배우 강혜정은 자신의 절실함을 생선회 칼을 통해 보여줬고, 영화계의 스타가 되었다.

취업 면접을 할 때도 마찬가지다. "저를 뽑아주시면 최고 실적으로 보답하겠습니다."라는 말은 누구라도 할 수 있다. 말로는 하늘의 별도 따올 수 있기 때문이다. 작든 크든 자기의 각오를 상징적인 행동으로 증명하는 편이 신뢰를 얻을 수 있다. 정치인들이 장관 퇴진을 강하게 요구하거나 스포츠 선수들이 반드시 부진을 씻겠다고 '삭발'을 하는 것도 상대방과 관객들에게 보내는 강력한 시그널이 된다.

인체의 각 부위가 만들어내는 신호에는 무수한 의미와 욕구가 숨어 있다. 길고 치렁치렁한 머리털은 다른 종과 인간을 구분 짓는 영장류의 가장 큰 특징이다. 오늘날에는 그것이 유행을 따라 또 다른 성별 신호로 그 의미가 바뀌었다. 길고 부드럽게 휘날리는 머리칼은 매혹적인 여성의 상징처럼 여겨진다.

우리는 신호를 주고받으며 소통한다. 대화를 할 때도 상대가 보내는 신호에 안테나를 높이 세워야 한다. 하품을 하거나 지루해하면 휴식이 필요하다는 신호를 보내는 것이다. 자신의 몸을 당신 반대편으로 기울이면서 심지어 발까지 뒤로 빼고 있으면 대화의 주제를 바꿔야 한다는 신호다. 말하는 중간중간에 상대의 반응을 살펴야 하는 이유이다. 우리는 세상일을 모두 다 알지 못하지만 그래도 제한된 정보를 통해 나름의 판단을 하고 살아야 한다. 자신과 회사의 전략을 다른 사람들은 어떻게 생각하고 해석할지를 생각해 보는 시그널링이란 개념을 이해하고 여기에도 안테나를 높이 세워야 더 효율적으로 커뮤니케이션할 수 있다는 사실을 잊지 말기 바란다.

# 색깔, 마음을 드러내는 또 하나의 언어

마음을 사로잡는 색깔의 비법

**[문제]** 김다혜 씨는 백화점에서 소개팅에 입고 나갈 옷을 고르고 있다. 매력적으로 보일 옷을 고르고 싶다. 다음 중 어떤 색깔의 드레스가 가장 효과적일까?

**A** 파란색　　　**B** 초록색　　　**C** 빨간색

　　다음 주 강의 일정에는 모 그룹의 승진자 과정이 있는데, 용인에 있는 그 연수원에 또 가야 된다고 생각하니 벌써부터 걱정이다. 교통 체증이 심하거나 멀어서가 아니라 강의장 분위기 때문이다. 교사로, 교수로, 산업체 강사로 40년 넘게 강의해 온 내 경험으로 깨닫게 된 것 중 하나는 강의 만족도를 좌우하는 것은 강사의 실력이 전부가 아니라는

사실이다. 배우고자 하는 수강생의 간절함이 수업의 품질을 좌우한다. 하나 더 있다면, 강의장의 하드웨어적인 분위기다.

그 연수원에는 200명 정도를 수용하는 큰 강의장이 하나 있는데, 천장은 농구장처럼 높고 조명은 극장처럼 약간 어두웠다. 조명의 밝기나 벽면의 색깔이 연수 시설이라기보다는 침실 분위기에 더 가까웠다. 작년에 3차에 걸쳐 과정이 진행되었는데, 강의가 시작되기도 전에 연수생들은 피곤한 기색으로 책상에 엎드려 자고 있었다. 연수원에서 마주친 한 강사 분은 "지난주처럼 오늘도 모두 잠을 재우게 될지 모르겠습니다."라며 "마음 같아서는 그냥 돌아가고 싶네요."라고 내게 하소연하는 것이었다.

굳이 전문가가 아니더라도 이유가 확연해 보였다. 바로 '어두침침한 강의장 조명과 높은 천장' 때문이었다. 학습 자료의 색깔이나 조명, 천장 높이 등은 학습 능률에 지대한 영향을 미친다. 특히 어두운 조명은 눈에 피로감을 줄 수밖에 없다. 미국 샌프란시스코 주립대학의 실험 결과, 어두운 강당에서 스크린에 흑색 도표가 나타나면 학생들은 거의 잠이 들었는데, 같은 내용을 녹색·빨강·파랑의 도표로 보여주면 조는 학생이 한 명도 없다는 사실을 발견했다. 이를 색깔별로 살펴보니 녹색·빨강·파랑의 순서로 학습 효과가 높게 나타났으며, 흑백보다는 녹색을 활용하면 학생들의 시험 점수가 무려 40%나 상승했다.

조명과 색깔이 연수생들의 학습 활동에 미치는 영향에 관해 우리나라에서 시행한 실험 결과도 있다. 서울 신길동의 한 유치원에서는 평소

아이들이 공부하던 방 2개를 각각 천장부터 벽까지 빨간색과 파란색으로 바꾸어놓고 아이들의 행동을 관찰했다. 아이들은 빨간 방에 들어가자마자 활발하게 놀기 시작했다. 시간이 지날수록 아이들의 움직임은 더욱 격렬해졌고, 여기저기서 싸우는 아이들도 생겼다. 관찰 시간 10분 동안 아이들은 평소보다 훨씬 더 활발하게 뛰놀았다.

빨간 방에서 나온 아이들을 이번에는 파란 방으로 데려갔다. 처음에는 빨간 방에서 놀던 것과 크게 다르지 않았지만, 잠시 후 아이들의 움직임은 눈에 띄게 차분해졌다. 빨간 방에서는 책상에 앉지도 않던 아이들이 파란 방에서는 여러 명이 모여 책을 읽는 경우가 많아지고, 아예 누워서 쉬는 아이도 있었다(〈SBS 스페셜〉 87회). 색깔이 학습 환경에 미치는 영향을 잘 보여주고 있는 실험이라 하겠다.

색깔도 중요한 커뮤니케이션 수단이다. 중앙선은 넘어서는 안 될 생명선으로 비유된다. 따라서 가장 명시성이 높은 노란색으로 표시된다. 신호등에는 처음부터 빨강·초록·노랑의 3가지 색이 사용되었다. 사람들이 색에 대해 갖는 이미지에 따라 안전감을 주는 초록색이 진행 신호로 쓰이고, 주의를 나타내는 노란색과 빨간색이 정지의 의미로 쓰였다는 것이 당연하다고 생각할 수도 있지만, 더 과학적인 이유가 있다. 신호등에서 가장 중요한 것이 정지신호이다. 따라서 빨간색은 가능한 한 먼 곳에 있는 운전자도 볼 수 있어야 한다. 안개가 낀 날은 특히 그렇다. 그 조건을 만족시키는 것이 파장이 긴 빨간색 빛이다. 즉, 파장이 길어 더 멀리까지 보이는 빨간색이 정지신호로 사용된 것이다.

이렇게 보면 색깔은 또 다른 언어인 셈이다. 컬러는 고객의 시각에 호소하는 매우 강렬한 커뮤니케이션 수단이라 할 수 있다. 앞에서 이야기했듯이 오감으로 받아들이는 정보 중 시각이 87%를 차지하므로 다른 감각에 비해 감지력이 월등하게 뛰어나다. 적절한 컬러가 사용된 참고서 지면은 학습자의 이해를 증가시키고 학습을 촉진한다. 컬러 광고는 흑백 광고에 비해 42%나 더 많은 소비자의 관심을 끌어들인다. 어떤 색깔을 어떻게 사용하느냐에 따라 매출과 이익이 달라지는 것이다. 따라서 기업 로고와 색상에는 기업의 가치와 철학 그리고 고객에게 전달하고자 하는 이미지가 내재돼 있다. 길 가다가 우연히 M자로 된 노란색 간판을 보면 나도 모르게 빅맥과 콜라, 감자튀김이 생각난다. 맥도날드 마케팅 담당자가 자신의 브랜드를 홍보하기 위해 '두툼한 패티의 햄버거, 입안 한 가득 톡 쏘는 콜라, 담백함과 짠맛이 적절히 조화된 감자튀김'이라는 복잡한 얘기를 쓸 필요가 없다. 그냥 M자 모양의 노란 간판을 보여주면 된다.

신경과학자들이 뇌 반응을 측정한 결과, 인간은 사물을 인식할 때 컬러(color), 형태(form), 동작(movement)의 순서로 지각하는 것을 밝혀냈다. 인간의 뇌는 사물의 여러 속성 중 컬러를 가장 빨리 인식해 처리함으로써 다른 속성을 인식하는 기본틀로 활용하는 것이다.

색깔은 속도감을 보여주기도 한다. 인터넷 속도 때문에 파일 다운로드가 느리다고 생각된다면 청색 계열의 색깔을 사용하면 효과적이다. 홍콩 과학기술대학교와 프랑스 인시아드 경영대학원 공동 연구팀의 연구 결과에 따르면, 청색 계열의 화면에서는 다운로드가 더 빠른 것처럼 느껴진다고 한다. 청색 계열은 노란색 계열보다 긴장을 완화시키는 경향이 있는데, 이러한 이유로 다운로드 체감 속도가 빠르다고 느낄 뿐 아니라 청색을 바탕색으로 하고 있는 사이트에 고객은 더 호감을 느끼게 된다. 페이스북과 트위터가 푸른색을 사용하는 분명한 이유가 있는 것이다

우리는 기분이나 취향에 따라 다른 색깔의 옷을 선택한다. 그러나 비즈니스와 관련된 만남이라면 상대에게 어떻게 보일 것이냐가 매우 중요하다. 누군가를 처음 만날 때는 무난하게 '검은색 계통'을 선택하는 것도 조금 무게감 있는 이미지를 전달하는 데 좋은 방법이다. 재판관이나 경찰관이 검은색 계통의 어두운 색 옷을 입는 이유가 그래서일 것이다.

사람이 색깔을 선택하지만, 반대로 색깔이 사람의 심리에 끼치는 영향도 상당하다. 영국 런던의 템스강에는 블랙프라이어스 브릿지(Blackfriars Bridge)라는 유명한 다리가 있다. 그 이름에서도 알 수 있듯이 검은색이다. 그런데 이 다리가 유명해진 이유는 디자인이 아름다워서가 아니라 매년 많은 사람이 이곳에서 투신자살을 하기 때문이었다. 자살하는 사람이 너무 많아지자 런던 시의회는 왕립의사협회에 자살자가 몰리는 원인을 찾아달라고 도움을 요청했다. 협회는 자살이 다리의 검은색과 큰 관련이 있다는 연구 결과를 내놓았다. 이를 토대로 다리 색깔을 검은색에서 초록색으로 바꾸자 투신자살 시도자가 무려

56% 감소했다.

사람들은 서로 다른 색깔을 볼 때 자연스럽게 다른 사물을 연상한다고 한다. 파란색을 보면 높은 하늘을 떠올리고, 붉은색을 보면 우리 몸의 피를 떠올리며, 초록색을 보면 초원의 풀을 떠올린다. 검은색은 본래 어둠이나 악재, 공포를 연상시키기 때문에 사람들에게 심한 압박감을 준다. 이런 압박감은 마침 자살하고 싶어 하는 사람에게 절망에서 벗어나 뛰어내리라는 촉매작용을 했다. 다리 색깔이 검은색에서 초록색으로 바뀌자 초록색의 넘치는 생기와 희망의 이미지가 생기면서 사람들은 비관적인 기분에서 벗어난 것이다.

## 로맨틱 레드(Romantic Red)

몇 년 전 한 TV 프로그램에서 빨간색 옷만 입는 노인의 사연을 방송한 적이 있다. 나이가 들면서 기운이 없어 일부러 빨간색 옷을 입기 시작했더니 그 후로는 기운과 열정이 생겼으며, 사람들도 그렇게 봐주어 삶이 즐겁다고 했다. 색깔은 소리와 마찬가지로 진동의 형식으로 되어 있어 사람의 에너지 패턴을 바꾸는 데 특별한 능력을 가지고 있다. 《대통령이 되려면 빨간 넥타이를 매라》라는 제목의 책에 이런 내용이 있다. '지난 2002년 민주당 대통령 후보 경선에 나온 주자는 모두 7명이다. 기호 1번 김중권, 2번 노무현, 3번 정동영, 4번 김근태, 5번 이인제, 6번 한화갑, 7번 유종근 후보 등이다. 이들이 TV 토론에 나온 날 모두 빨간색 넥타이를 매고 나왔다. 7명이 모두 빨간색으로 무장을 하니 유난히 눈에 잘 들어왔다. 이들은 한결같이 정치 컨설턴트가 추천한 넥타이를 매고 나왔다.' 저자는 유권자에게 강렬한 이미지를 주고자 하는 대선 후보라면 눈에 잘 띄는 빨간 넥타이를 매고 출연할 만하다고 말한다.

며칠 전 K은행 창구에서 만난 신 차장은 빨간색 원피스를 입고 있었다. "빨간 옷이 참 잘 어울리는데요."라고 말을 건넸더니, 그렇지 않아도 동료들과 고객들이 '오늘 무슨 좋은 일 있느냐'고 물었다는 것이다. 그날 나와 다른 사람들은 왜 빨간 옷을 입은 신 차장에게 그렇게 말했을까?

2008년 미국의 〈성격 및 사회심리학지(Journal of Personality and Social Psychology)〉에 앤드류 엘리엇(Andrew Elliot) 교수와 다니엘라 니에스타(Daniela Niesta) 교수가 소설 같은 제목의 논문을 발표했다. 논문의 제목이 '로맨틱 레드(Romantic Red)'였다. 두 교수는 색깔이 여성의 매력도에 미치는 영향에 주목하여 '제일 섹시한 색'이 과학적으로 존재하는지 알아보려 했다. 연구팀은 한 여성의 흑백사진을 바탕색만 빨간색, 파란색, 녹색, 회색 등으로 바꿔서 인쇄한 후 남자 대학생들에게 보여주면서 이 사람에 대해서 어떻게 생각하는지 질문했다. 결과는 놀라웠다. 배경만 다르고 사진 자체는 똑같았는데도 성적 매력도를 평가하는 항목에서 빨간색 바탕의 사진이 다른 사진들에 비해 훨씬 높은 점수가 나온 것이다. 성적 매력도를 묻는 질문에서 빨간색 배경 사진을 초록색 배경 사진과 비교했을 때는 5.5점 대 3.5점, 파란색 배경 사진과 비교했을 때는 6.7점 대 5.2점의 점수가 나왔다. 데이트 신청 의향을 묻는 질문에서는 파란색 배경의 사진과 비교했을 때 7점 대 4.5점이라는 더 큰 점수 차이가 났다. 서두 [문제]는 이 연구 결과를 토대로 만든 것인데, 모두 눈치챘겠지만 정답은 C다.

위의 사례는 여성을 대상으로 한 심리학자들의 연구 결과이다. 왜 남성을 대상으로 한 연구가 함께 진행되지 않았는지 자못 궁금하다. 심리학자들은 빨간 색상의 효과를 진화론적 관점으로 해석한다. 침팬지와 같은 영장류들은 배란기가 가까워지면 혈류량이 증가해 피부의 주요 부위가 붉은색을 띠게 되는데, 이것이 수컷들을 유혹하는 신호로 작용한다는 것이다. 사람도 이와 마찬가지여서 여성의 립스틱도 빨간색이고, 사랑의 상징인 하트도 빨간색이라는 설명이다. 빨간색은 유전적으로 매력의 상징인 것이다. 프랑스 브루타뉴대학의 니콜라 게겐(Nicolas Gueguen) 연구팀은 빨간색 옷을 입은 웨이트리스가 더 많은 팁을 받는다는 것을 증명했다. 이들은 한 레스토랑에서 웨이트리스들에게 다양한 색상의 티셔츠를 입혀 손님에게 서빙하게 하고 그 결과를 관찰했는데, 빨간색 티셔츠를 입고 있는 웨이트리스에게 남자 손님 중 58%가 팁을 주는 것으로 나타났다. 심지어 웨이트리스가 머리핀, 머리띠, 리본 등을 빨간색으로 한 경우에는 더 많은 팁을 주는 것으로 나타났다.

빨간색의 효과는 성별을 떠나 우리가 생각했던 것 이상으로 매력적이다. 우선 고객 상담 시에는 빨간 색연필을 하나 준비하기 바란다. 안내장이나 서류의 중요 문구에 빨간색 별표를 그려서 고객에게 보여주면 어떨까? 마케팅의 핵심은 차별화이다. 마케팅뿐만 아니라 인테리어, 일상생활에서 나를 매력적으로 드러내고 싶을 때는 빨간색을 적극 활용해 보기 바란다.

# 숫자는 글자보다 강하다
숫자의 마력을 활용하는 5가지 비법

**[문제 1]** 김 부장은 오늘 M보험사의 새 소프트웨어 프로그램의 프레젠테이션을 앞두고 발표 문구를 다듬고 있다. 다음 중 심사위원을 설득하는 데 더 효과적인 표현은 어느 것일까?

**A** "이 시스템을 도입하면 심사 업무의 인건비를 크게 줄일 수 있습니다."

**B** "이 시스템을 도입하면 심사 업무의 인건비를 30퍼센트에서 최대 45퍼센트까지 줄일 수 있습니다."

**[문제 2]** C식품 회사의 박 차장은 이번 신상품 광고에 순도가 높은 특정 성분이 포함되었다는 점을 부각하기로 했다. 다음 중 소비자의 신뢰를 얻는 데 더 효과적인 광고

문구는?

**A** "순도 98.8%의 천연 발효식품입니다."

**B** "순도 99%의 천연 발효식품입니다."

**[문제 3]** 김 대표는 반려동물용 상품을 팔고 있는데, 최근 회원 수가 10만 명이 되었다. 회원 수가 계속 늘어나고 있다는 점을 홍보하고 싶은데, 다음 중 어느 문구가 더 효과적일까?

**A** "저희 사이트 회원이 1% 늘어났습니다."

**B** "저희 사이트 회원이 1000명 늘어났습니다."

국내 L보험사의 텔레마케터들에게 판매 화법에 관해 여러 차례 강의한 적이 있다. 그때 느낀 점이 두 가지 있다. 첫째는 설계사들의 스크립트에 고객을 효과적으로 설득(현혹)하기 위한 행동경제학(고객 심리학)적 관점을 전혀 반영하지 않고 있다는 점이었다. 둘째는 숫자를 적절히 사용하지 않아 스크립트가 너무 추상적이고 두리뭉실하게 작성되어 있었다. 설령 숫자를 사용했더라도 그 숫자의 의미가 제대로 강조되지 못하고 있었다. 그중 일부는 이렇게 되어 있었다.

"요즘 의학 기술이 발달되고 신약이 나오다 보니까 암에 걸렸을 때 생존율이 굉장히 높아지고 있습니다. 반대로 유전적 요소, 환경오염, 잘못된 식습관 등으로 암 진단율은 점점 높아지고 있기 때문에 기존 보험 외에 추가로 암 진단 자금을 보장하는 전문 암보험을 하나쯤은 갖고 계셔야 합니다."

나는 '암 진단율이 높아진다'는 두리뭉실한 문구를 "우리나라 사람은 3명 중에 1명꼴로 암에 걸립니다. 오늘 하루 몇 명쯤이나 만나셨는지요? 30명 정도 만났다면 그중에 10명은 앞으로 암을 진단받게 됩니다."라고 구체적인 숫자를 넣어 바꾸라고 제안했다. 숫자는 글자로 표현된 어떤 것보다 구체적이고 강력한 힘을 갖고 있기 때문이다. 그래서 우리가 보는 많은 광고에서도 가능한 한 숫자로 성능이나 효용을 표시하고 있다.

사람들이 많이 찾는 비타민 음료(예를 들어 비타1000, 비타500)의 숫자만 보면 비타민이 많이 들어 있을 것으로 생각하기 쉽다. 더구나 숫자가 높은 '1000'이나 '500'이 쓰여 있다 보니 다른 것에 비해 비타민이 더 많이 들어 있는 것처럼 느껴진다. 하지만 이 음료에 들어 있는 비타민은 각각 1g이거나 0.5g이다. 일부러 mg으로 환산하여 큰 숫자로 표시한 것이다.

서비스의 가장 큰 특징의 하나는 무형성이다. 따라서 역설적으로 유형화시켜 보여주는 것이 매우 중요한 전략이 된다. 유형화하여 우리 회사의 신뢰와 능력을 보여줄 수 있는 좋은 방법 중 하나가 '숫자'이다. 얼마 전 한 신문에서 '지역과 함께 이룬 50년, 100년 은행으로 비상'이라는 제목의 모 지방 은행 관련 기사를 보았다. '전통 있는 지역 금융기관'이라는 말보다 50, 100이란 '숫자'를 활용함으로써 오랜 역사와 전통을 적절하게 강조한 것이다. 이처럼 은근슬쩍 숫자를 넣게 되면 설득 가능성이 더 높아진다. 이를 '넘버 효과(The effect of numbers)'라고 부른다.

1984년 미국 워싱턴대학의 리처드 옐치 교수는 직장인 126명을 두 그룹으로 나눠서 한쪽 그룹에는 '이 시스템을 도입하면 인건비가 크게 줄어듭니다'처럼 숫자를 넣지 않은 문장을 읽게 하고, 다른 한쪽 그룹에는 '이 시스템을 도입하면 인건비를 30퍼센트에서 최대 45퍼센트까지 줄일 수 있습니다'처럼 숫자를 넣은 문장을 읽게 했다. 그 결과, 숫자를 넣은 후자 쪽의 설득 효과가 압도적으로 높다는 것을 확인했다. 숫자를 포함했다는 사실만으로 상대방이 받아들이는 태도가 완전히 달라지는 것이다. 단순하게 '종합 비타민제'라고 말하기보다는 '21종류나 되는 성분이 포함된 비타민제'라고 해야 한다. 그래서 [문제 1]의 정답은 B가 된다. 회사에서도 상사가 직원들과 이야기할 때 숫자를 섞어서 말하면 내용이 훨씬 설득력 있고 구체적이라는 인상을 줄 수 있다. "이달 20일까지 마무리를 부탁합니다.", "예산은 4,200만 원 이하로 수립해 주세요." 등과 같이 말해야 한다.

[문제 3]에서 10만 명의 1%는 1,000명이니 의미상으로 A와 B는 같

은 표현이다. 그러나 이미 다른 사람이 많이 가입했다는 사회적 증거를 과시하기 위해서라면 1% 늘어났다는 것은 미미하게 느껴질 수 있다. 수치를 제시할 때는 가능한 한 큰 수로 표시하여 1,000명이 증가했다고 하는 편이 더 강력한 느낌을 전달한다. 그래서 [문제 3]의 정답은 B이다. 비타민 음료 광고에 g 대신 mg으로 환산한 것도 같은 맥락으로, 큰 숫자가 호소력이 더 크다. 일전에 어느 고속버스에 부착된 아파트 분양 광고문을 보니 '서울에서 불과 80분'이라고 씌어 있었다. 이것은 1시간 20분을 뜻한다. 그러나 1시간 20분이라고 하는 것과 80분이라고 하는 것과는 느낌이 다르다. 80분이라고 표현하는 것이 왠지 더 가까운 느낌을 주는 것이다.

나는 강의를 시작할 때 습관처럼 "오늘 여러분에게 전달할 내용은 세 가지입니다."라고 이야기할 내용의 개수(number)를 알려준다. 강의를 정리해서 듣게 하고, 중요한 내용을 알기 쉽도록 강의 요점의 '수'를 선언하는 것이다. 직원 회의 때도 "오늘 논의할 것은 두 가지입니다." 하는 식으로 개수를 전달하면 상대방은 이야기의 줄거리를 파악하고 머릿속으로 정리하면서 들을 수 있게 된다.

그럼 숫자를 더욱 효과적으로 사용하는 몇 가지 방법을 더 생각해 보자.

## 숫자의 마력을 높이는 비법

**1. 숫자를 비유해서 다시 반복하라** "작년 우리 회사의 총생산량은 약 2,000만 톤입니다."라는 설명은 상대에게 이 숫자가 얼마나 큰지를 판

단하게 할 수 없다. "작년 우리 회사의 총생산량은 1,950만 톤을 기록했습니다. A회사와 B회사를 합친 생산량과 거의 맞먹습니다."라고 해야 생산량의 크기를 상대가 가늠할 수 있다. 마찬가지로 "매년 66,000명의 여성이 심장병으로 사망합니다. 상암동 축구 경기장의 전체 좌석이 몇 개인지 아십니까? 5만 석입니다. 여성 심장병 사망자는 상암동 축구 경기장의 전 좌석을 채우고도 남습니다."라고 생생하게 비유해야 한다.

**2. 소수점 이하까지 세밀하게 언급하라** 미국 미시건대학의 한 연구팀은 실험 참가자들에게 2개의 GPS 장치의 실제 배터리 수명을 추정해 보라고 요청했다. 1개의 장치에는 배터리 수명이 2시간이라고 표기했고, 다른 하나에는 약간 표현을 바꿔 120분이라고 표기했다. 물론 둘의 배터리 수명은 동일하다. 그러나 참가자들은 첫 번째 배터리가 89분 동안 지속될 거라고 추정하고, 두 번째 배터리는 106분 동안 지속될 것이라고 추정했다. 세밀한 숫자가 그렇지 않은 숫자보다 더 큰 신뢰감을 전달하는 것이다.

국내 D오렌지 쥬스는 포장지 겉면에 '순수 착즙 주스'라고 써놓고 '물 한 방울 없이 생오렌지 10.3개, 생자몽 7.8개'라고 소수점 이하 한 자리까지 표기하고 있다. '오렌지 10개'보다 소수점까지 넣은 '10.3개'로 표기해야 더 확실해 보이기 때문이다. 하지만 10.3개 넣었다는 그 오렌지가 사과 크기만 한 오렌지인지 포도알만 한 오렌지인지 분명하지 않다. 결국 소수점 표기는 신뢰성과 정확성을 높이려는 고도의 마케팅 전략이다. 따라서 [문제 2]의 A에서처럼 '순도 98.8%'라고 구체적으로 말하면 99%라는 개략적인 숫자보다 더 순도가 높다는 느낌을 받게 된다. 따라서 [문제 2]의 정답은 A이다.

**3. 부정적인 것은 %로, 긍정적인 것은 숫자로 표시하라** 암이 1만 명 중 1,286명의 목숨을 앗아간다고 말할 때 12.86%라고 말하는 것보다 사람들로 하여금 암이 32% 더 위험하다고 생각한다. 이는 숫자가 '실제 사람'과 관련이 있기 때문이다. 즉, 2%가 운이 나쁠 것이라고 말하면 확률이 낮은 것처럼 들리지만, 100명 중 2명이 해를 입을 가능성이 있다고 말하면 우리의 뇌는 실제 사람 두 명이 부상을 입는 것으로 더 적극적으로 상상하게 된다. 이처럼 정보가 사고 발생의 확률(%)보다 빈도(숫자)로 제시되었을 때 더 위험하다고 인식한다. 따라서 고객과 상담하는 직원들은 긍정적인 메시지를 전달하고 싶다면 백분율이 아닌 실제 숫자를 사용하는 것이 더 효과적이다. 그래서 "고객님의 90%가 저희 서비스를 '훌륭하다'고 평가해 주셨습니다."라고 말하기보다는 "고객님 열 분 중 아홉 분이 저희 서비스를 '훌륭하다'고 평가해 주셨습니다."가 더 탁월한 표현인 것이다.

**4. 비즈니스에서도 형용사나 부사는 숫자로 바꿔라** 비즈니스 화법에서도 형용사나 부사 대신 숫자 화법을 사용해야 한다.

상사인 당신이 "다음 주에 많은 인원이 참석하는 회의가 있으니 넓은 회의실을 확보해 두세요."라고 직원에게 지시한다면, 직원은 당신이 어느 정도의 회의실을 넓다고 생각하는지 알 도리가 없다. 형용사를 숫자로 바꿔줘야 한다. "다음 주에 25명 내외의 인원이 참석하는 회의가 있으니 30명 정도가 들어갈 수 있는 회의실을 확보해 두세요."라고 말해야 한다. "내일 아침 본부장님이 방문 예정이니 일찍 출근하세요." 보다는 "내일 아침 본부장님 방문 예정입니다. 평소보다 30분 일찍 출근하세요."라고 숫자로 바꿔야 한다.

"서류 작성을 다 했습니다."라는 보고도 "서류를 3부씩 만들었습니다. 1부당 5페이지로 되어 있습니다."라고 보고하면 상사에게 주는 당신의 인상은 더 선명해질 것이다.

**5. '우수리 효과'를 활용하라** 우리가 가격 정책과 관련하여 백화점이나 홈쇼핑, 대형 마트 등에서 가장 많이 접하는 것 중의 하나가 아마도 '9'라는 숫자일 것이다. 가령 오늘 아침 신문과 함께 배달된 전단지를 보자. 여성용 구두가 89,000원, 아동화는 29,000원, 남성용 정장은 298,000원이다.

숫자 9의 비밀은 사실 별로 복잡하지 않다. 먼저 저렴하다는 인상을 준다. 99,000원과 100,000원의 차이는 1,000원에 불과하지만, 왼쪽의 첫 번째 숫자만을 놓고 보면 얼핏 1만 원의 차이로 느껴져 착시 현상이 일어난다. 이를 마케팅 용어로 '단수 가격(odd pricing)' 또는 '우수리 가격'이라고 한다. 이는 만 원, 천 원 등 화폐 단위에 맞게 가격을 제시하지 않고 그보다 조금 낮은 9.900원, 990원 등의 단수를 붙여 가격을 책정하는 전략으로, 이것저것 세밀하게 계산하여 신중하게 가격을 정한 것 같은 느낌을 주는 효과가 있다. 또한 9,900원이나 149,000원은 1만 원이나 15만 원보다 더 뚜렷하게 기억된다.

이러한 '우수리' 전략을 커뮤니케이션에서도 적용할 만하다. 예를 들어 자녀들에게 시험공부를 시킬 때도 "2시간 동안 공부해라."가 아니라 "1시간 55분만 공부해라."라는 식으로 우수리가 있는 숫자로 말하는 것이다. 물론 2시간과 1시간 55분은 5분 차이밖에 안 나지만 자녀 입장에서는 '2시간도 안 되는 시간인데 뭐'라며 5분이라도 짧은 것에 만족할 것이다. 시간 약속을 할 때도 "오전 10시부터 회의 시작합니다."보다는 "오전 9시 50분부터 회의 시작합니다."가 더 효과적으로 기억되고 시간 약속을 잘 지켜지게 하는 방법이 될 수 있다. '수확 당일 배송된 신선한 쌈채소'보다 '산지에서 4시간 이내에 배송된 신선한 채소'가 더 싱싱하다.

'숫자'의 마력을 활용하여 메시지를 분명하게 하고 설득력을 높이기 바란다.

# 이메일은 소통이 아니다

## 이메일 100% 활용법

### 이메일이 설득 도구가 되나요?

**[문제]** B식품의 경영혁신팀을 맡고 있는 석 팀장은 20분 정도가 소요되는 설문지를 작성해 달라고 직원들에게 요청하려 한다. 설문 요청에 응하도록 만들기 위해 어떤 방법을 쓰는 것이 더 효과적일까?

> **A** 직접 만나서 설문의 취지를 설명하고 작성을 부탁한다(대면 요청)
>
> **B** 이메일을 통해 설문의 취지를 설명하고 작성을 부탁한다(이메일 요청)

내가 5년 동안 근무했던 외국계 H은행에는 국내 은행과 확연히 다른 업무 방식이 한 가지 있었다. 부서 간 업무 협의나 상사의 결재를 위한 의사소통의 대부분이 이메일을 통해 이루어진다는 점이다. 물론 외국계 은행의 특성상 영국 본사나 다른 나라와의 업무 연락은 공간의 제약 때문에 이메일을 쓰는 것이 자연스러운 면도 있었다. 하지만 직원간 모든 의사소통을 이메일로 주고받으니 한 사안에 대해 서로 주고받은 이메일의 분량이 10여 페이지에 달하는 경우도 있었다.

이러한 업무 방식에 익숙하지 않았던 나는 "왜 찾아가서 얼굴 보며 직접 요청하면 금방 끝날 일을 이렇게 긴 이메일을 주고받나요? 이메일을 보내고 답신을 받느라 시간을 너무 지체시키는 건 아닌가요?"라고 팀원들에게 물었다.

팀원들의 대답은 대략 두 가지로 정리되었다. 하나는 '이메일로 서로 주고받은 의사 결정의 모든 내용이 증거로 남기 때문'이고, 다른 하나는 '이메일로 요청하는 게 얼굴을 보며 직접 부탁하는 것보다 마음이 편하기 때문'이라는 것이었다. 전자는 업무의 책임 소재를 다투는 민감한 사안이라면 어느 정도 이해가 되는 주장이었다. 그런데 두 번째 이유를 대는 직원들의 주장은 이메일이 마음도 편할뿐더러 상대방을 설득하는 효과도 대면 요청에 비해 떨어지지 않는다는 것이었다. '오히려 이메일로 기록이 남기 때문에 상대가 묵살할 염려가 없어서 요청에 응할 가능성이 더 크다'라는 추가적인 근거까지 덧붙였다.

지금 생각해 보니 소통에서도 이른바 '언택트 마케팅' 현상이 그때 발생하고 있었다는 생각이 든다. 서울대학교 소비 트렌드 분석 센터는 '사람과의 접촉(contact)을 지운다'는 의미로 '언택트(untact)'라는 신조어를 만든 바 있다. 마케팅과 세일즈 현장에서 친밀한 고객 관계를 만들어가는 데 '대화'가 핵심이라는 것은 누구나 아는 이야기다. 그러나 최근 우리나라와 일본 등에서 오히려 대화 서비스와는 달리 '무언(無言)' 접객 서비스가 선호되고 있다. 화장품 브랜드 이니스프리 매장에는 두 종류의 쇼핑 바구니가 있다. 바구니에는 각기 '혼자 볼게요', '도움이 필요해요'라는 라벨이 붙어 있다.

이런 침묵 서비스는 왜 생겼을까? 그중 하나는 메시지나 소셜 미디어 등으로 사람과 관계를 맺고 대화하는 것이 익숙한 요즘 세대에게 타인과 직접 마주보고 대화하며 갈등을 겪고 이를 풀어가는 과정이 익숙하지 않다는 것이다. 그러나 신세대의 비대면 접촉과 문자 선호도와는 별도로 '소통의 궁극적인 목표는 무엇인가'라고 묻는다면 답은 상대를 설득하는 것이다. 그럼 두 방식 간의 설득력은 정말 차이가 없을까?

2017년 〈하버드 비즈니스 리뷰〉에 실린 미국 웨스턴대학 마흐디 로가니자드(Mahdi Roghanizad)와 코넬대학의 바네사 본스(Vanessa K. Bohns) 교수는 이메일 요청이 대면 요청보다 상대방을 설득하는 효과, 즉 상대방으로부터 '예스'를 이끌어내는 효과가 높은지를 따져보기로 했다. 두 연구자들은 495명의 참가자들을 45명의 요청자(requester) 그룹과 450명의 대상자(target) 그룹으로 나누었고, 45명의 요청자들을 다시 '대면 요청 그룹'과 '이메일 요청 그룹'으로 나누었다. 그런 다음 10명의 낯선 사람들에게 설문지를 작성해 달라고 요청하도록 지시했다. 두 연구자는 요청자들이 설문지 작성 요청을 하기 전에 대상자들이

고수의 설득법

얼마나 요청에 응할지 먼저 예상해 보라고 함으로써 실제 결과와 비교해 보기로 했다. 그런데 실험 후에 분석해 보니 이메일 요청 그룹의 참가자들이 이메일의 설득 효과를 과신하는 것으로 나타났다. 그래프를 보면 대면 요청은 예상보다 설득 효과가 좋은 반면(평균 7.15명), 이메일은 그 효과가 아주 형편없다(평균 0.21명)는 사실을 단번에 확인할 수 있다. 이 연구 결과를 요약하면, 한 번의 대면 교류가 이메일보다 설득력이 무려 34배 더 높은 것이다. 그래서 [문제]의 정답은 A다.

이 실험의 결론은 정보 전달 도구로서가 아닌 요청 혹은 설득의 도구로서 이메일은 사람들의 예상보다 그 영향력이 크지 않다는 것이다. 비대면 도구인 이메일을 보내는 것이 언택트 마케팅 선호 현상처럼 젊은이들이 선호하고 편리하며 심리적으로 안정감을 준다는 면은 쉽게 이해가 된다. 하지만 설득 효과가 있어서 상대방이 요청에 응하리라는

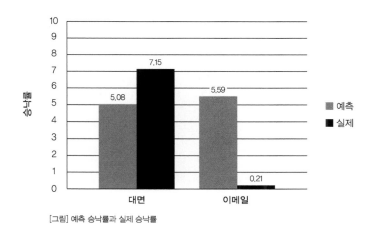

[그림] 예측 승낙률과 실제 승낙률

기대까지 높아져서는 안 된다는 것이다. 이메일이 이런 설득 수단으로 자주 활용되고 있는 회사라면 사람과 사람 사이의 교류의 가장 큰 '훼방꾼'은 바로 이메일이다. '일이 되게끔 만들고' 상대방의 신뢰와 공감을 이끌어내려면 대면 소통이 기본이 되어야 한다. 그렇다면 이메일은 정보 공유를 위한 보조 수단 정도로 삼아야 한다는 것이 실험이 주는 결정적 시사점이 될 것이다.

이 글을 읽으면서 신세대들은 세대 차이가 난다고 느낄지도 모르겠다. 베이비붐 세대는 직접 만나거나 전화를 해야 관계를 유지할 수 있다고 생각한다. X세대는 친소 관계에 따라 비중을 반반 정도로 조정한다. 일단 문자나 이메일로 간단한 요지를 먼저 전달한 후 통화하거나 미팅하는 것이 일반적이다. 그러나 밀레니얼 세대는 이메일이나 문자로 요지를 전달하는 것만으로도 충분하다고 생각하는 것이다.

이제 이메일뿐만 아니라 온라인 기반의 디지털 의사소통 도구가 일상화되면서 비대면이 주는 편리함과 안락함에 의지하는 것이 자연스러운 현상이긴 하다. 또한 디지털 커뮤니케이션 기술을 잘 사용하면 업무 효율을 높이는 좋은 수단이 된다. 하지만 이러한 기술은 보조 수단으로서 대면 교류의 '다리'가 되는 정도쯤이 좋다. 가령 챗봇과 같은 인공지능 기술을 사용해 팀 회의 일정을 짤 수 있다. 하지만 회의가 시작되면 사람들은 디지털 기기를 손에서 내려놓고 팀원들의 얼굴을 보고 그들의 말에 귀를 기울이도록 해야 한다.

## 이메일은 잘 쓰면 약, 못 쓰면 독

나는 여러 회사에 서비스 경영 전략이나 마케팅 관련 제안서를 보내기도 한다. 우선 상대방에게 전체 내용을 이메일로 보내고 언제쯤 미팅이나 통화가 가능한지를 묻는다. 앞서 말한 대로 이메일은 진짜 소통을 위한 '다리'인 것이지 그것을 통한 설득 효과는 미미하기 때문이다. 더러 회사나 공공기관을 컨설팅하다 보면 고객의 불편이나 불만에 대한 고객의 소리(VOC)도 답변 문구를 다듬고 법률팀의 리뷰를 거쳐 정성들여서 이메일로 회신하는 것을 볼 수 있다. 그래서 고객에게 전화로 따로 설명해 드렸느냐고 VOC 담당자에게 물어보면 그들은 내 질문을 의아스럽게 생각한다. 내 의도는 '전화로 자세히 설명드리고 더 궁금한 점이 없느냐고 묻고, (보조적으로 또는 증거용으로) 이메일로도 발송해 드리는 것'이 정답이라는 것이다.

그렇다고 모든 의사소통을 항상 대면이나 전화로 해야 한다는 의미는 절대 아니다. 문제는 우리가 얼굴을 보면서 또는 전화로 소통해야 할 때조차도 문자나 이메일에 기대고 있다는 점이다. 말은 문자나 이메일과는 달리 한 번 뱉으면 주워 담을 수도, 편집할 수도 없다는 사실 때문에 조심스럽다. 하지만 말에는 문자나 이메일에서 느낄 수 없는 감정과 뉘앙스가 들어 있다. 그래서 누군가와 좀 더 가까워지고 진정성 있게 보이려면 말을 통한 대화가 필요하다.

마침 이 원고를 쓰고 있는 중에 M증권의 홍 팀장한테서 투자 상품에 대한 안내 전화가 왔다. '이메일로 보냈으니 상품 내용을 찬찬히 확인해 보시라'는 내용이었다. 그럼 내가 이메일의 첨부 서류를 찬찬히 읽어보고 어떤 상품을 선택했을까? 어떤 상품도 선택하지 않았다. 나를 설득하는 수단으로 직접 만나거나 최소한 전화로 설명하고 '보내드린 이메일도 참고하시라'라고 하는 편이 더 적절했을 것이다. 고객의 불만은 경청하는 것만으로도 고객 회복률이 10%가 증가하며, 특히 불만을 구두로 답변(접수)하는 경우 문서로 답변(접수)하는 것에 비해 10배 이상 고객만족도가 향상된다는 연구가 있다.

그럼 이메일을 어떻게 매력적으로 활용할까? 잘 쓰면 약, 못 쓰면 독인 이메일을 효과적으로 활용하는 방법에 대해 알아보자.

첫째, 중요한 제안이나 불편한 거절일수록 맞대면해야 한다. 이메일은 텍스트만 있고 밖으로 드러난 정보가 적은 고맥락 커뮤니케이션이다. 얼굴을 맞대고 이야기하면 표정과 제스처, 태도 등 메시지가 여러 채널을 통해 전달되기 때문에 오해할 염려가 거의 없다. 그러나 이메일은 오직 텍스트만 오가기 때문에 신중해야 한다. 앞서 말한 대로 이메일은 효율적인 소통의 보조 도구이지, 설득이나 친밀감을 위한 커뮤니케이션의 주력 도구는 아니다. 특히 질책을 메일로 하는 것은 금물이다. 말로 한 것과 달리 글은 두고두고 남기 때문에 상대에게도 오랫동안 상처가 될 수 있다.

둘째, 앞부분은 인사말과 인간적인 내용으로 채운다. 우리는 급하면 용건부터 쓰기 쉬운데, 안부를 묻거나 기분 좋은 덕담으로 시작하면 좋을 것이다. 특히 이메일이나 문자 메시지 등 디지털 문자는 똑같은 말이라도 차갑게 느껴질 수 있다는 점에 유의해야 한다. 우리도 이메일을 받을 때 '왠지 글이 무뚝뚝하다'라는 느낌을 자주 받곤 한다. 상대는 그렇게 의도한 것이 아닌데 말이다. 따라서 감정이 약해지는 만큼 그것을 보완할 수 있는 말을 사용해 내 감정을 30% 정도 더해 표현해 주는 게 좋겠다. 감정을 덧붙이는 방법은 이름과 직책을 불러주고, 더 인간적으로 보이는 필기체 폰트를 사용하고 어미(語尾)에 느낌표나 미소 짓는 표정의 이모티콘 등을 넣는 것이다.

셋째, 적절한 말투를 선정하는 것도 중요하다. '바쁘신 가운데 이번 행사에 참석하여 주셔서 진심으로 감사드립니다'와 같은 정형화된 (frozen) 말투를 쓸 것인가, '안녕하십니까, 이번 행사에 참석하여 주셔서 고마웠습니다'와 같은 예의 바른(formal) 말투를 쓸 것인가, '바쁜데도 시간 내줘서 고맙습니다'와 같은 부드러우면서도 격식 있는 구어체를 쓸 것인가를 생각해 보자. 이 중 이메일에는 아주 친한 사이가 아니라면 부드러운 구어체 말투가 적절할 것이다. 누군가에게 사랑을 고백할 때 책을 읽듯이 "당신을 사랑합니다."라고 하면 딱딱하고 교과서적이라 진심이 전해지지 않는다. '사랑해'라는 세 글자면 충분하다. 생동감 있고 부드러운 말이 바로 구어체다.

넷째, 빠르게 답장하라. 평판이 높기로 소문난 한 사장님은 직원들의 존경과 사랑을 한 몸에 받고 있었다. 직원들에게 그 이유를 물어보니 "우리 사장님은 직원들의 이메일이나 문자에 빠르게 답변해 주십니다. 바쁘신데도 제가 세 줄로 보내면 네 줄 다섯 줄로 더 성심껏 답신을 써

주신답니다."라고 대답하더란다. 만약 출장 중이거나 답신을 빨리 못 해주고 심사숙고해야 할 경우에는 일단 '읽었다'는 내용을 보내고, 일정 시한까지 답장을 보내겠다고 해서 상대방을 무작정 기다리지 않게 해야 한다.

마지막으로, 가장 중요한 것이 있다. 감정이 좋지 않을 때는 이메일을 바로 보내지 않아야 한다. 분노의 이메일은 부메랑이 될 수도 있기 때문이다. 시간을 갖고 감정을 가라앉힌 후 그 다음 날 다시 읽어보고 이메일을 보내는 것이 좋겠다. 화를 내거나 남을 책망하는 이메일을 정말 보내야 할지 망설여진다면, 정답은 차라리 보내지 않는 게 낫다. 블로그 게시물, 소셜 미디어, 문자 메시지 등도 모두 마찬가지다. 뭔가를 소리쳐 내뱉고 싶으면 작성은 하되 수신인을 자기 자신으로 하는 게 더 후회하지 않는 방법이 될 것이다.

이메일은 정보 전달 도구로서 여전히 중요하다. 다만 설득을 위한 보조 도구로 활용하는 것이 더 바람직하다. 이메일을 효과적으로 활용하기 위한 유의 사항을 꼭 기억해 두기 바란다.

고수의 설득법

"'나는 커뮤니케이션을 잘하고 있다'라고 착각하고 있는 자체가
커뮤니케이션에서 가장 큰 문제다."

아일랜드 작가 조지 버나드 쇼

심리학으로 배우는 설득의 테크닉
# 고수의 설득법

초판 1쇄 발행_ 2020년 1월 15일
초판 2쇄 발행_ 2023년 3월 15일

지은이_ 장정빈
펴낸이_ 이성수
주간_ 김미성
편집장_ 황영선
편집_ 이경은, 이홍우, 이효주
마케팅_ 김현관
제작_ 김주범
디자인_ 진혜리

펴낸곳_ 올림
주소_ 07983 서울시 양천구 목동서로 77 현대월드타워 1719호
등록_ 2000년 3월 30일 제300-2000-192호(구:제20-183호)
전화_ 02-720-3131 | 팩스_ 02-6499-0898
이메일_ pom4u@naver.com
홈페이지_ http://cafe.naver.com/ollimbooks

ISBN 979-11-6262-030-4  03320

ⓒ 장정빈, 2020

※ 이 책은 올림이 저작권자와의 계약에 따라 발행한 것이므로 본사의 허락
   없이는 어떠한 형태나 수단으로도 이 책의 내용을 이용하지 못합니다.
※ 잘못된 책은 구입하신 서점에서 바꿔드립니다.

책값은 뒤표지에 있습니다

이 도서의 국립중앙도서관 출판예정도서목록(CIP)은 서지정보유통지원시스템 홈페이지
(http://seoji.nl.go.kr)와 국가자료종합목록 구축시스템(http://kolis-net.nl.go.kr)
에서 이용하실 수 있습니다. (CIP제어번호 : CIP2020000142)